山东省职业教育规划教材
供职业教育各专业使用

文 明 礼 仪

主　编　魏　红　李　莉
副主编　高秀蕊
编　者　(按姓氏汉语拼音排序)
　　　　程　龙　高绍卿　高秀蕊
　　　　鞠晓昱　李　莉　卢　蕊
　　　　商庆节　魏　红

科学出版社
北　京

内 容 简 介

本教材依据山东省教育厅职业教育"文明礼仪"课程标准的内容和要求而编写。全书设计认知篇、个人形象礼仪篇、家庭礼仪篇、校园礼仪篇、职场礼仪篇和社交礼仪篇六个模块。每个模块又设有不同的章节，每个章节以案例的形式引出学习内容；穿插"课堂互动"和"知识拓展"，便于学生更加清晰地掌握礼仪知识。本教材图文并茂，配有多个视频等数字化资源，方便了教与学。

本教材可供职业教育各专业学生使用。

图书在版编目（CIP）数据

文明礼仪 / 魏红，李莉主编. —北京：科学出版社，2019.7
山东省职业教育规划教材
ISBN 978-7-03-057450-3

Ⅰ．文⋯ Ⅱ．①魏⋯ ②李⋯ Ⅲ．礼仪-职业教育-教材
Ⅳ．K891.26

中国版本图书馆 CIP 数据核字（2018）第 105973 号

责任编辑：张立丽　丁彦斌 / 责任校对：张凤琴
责任印制：徐晓晨 / 封面设计：图阅盛世

科学出版社 出版
北京东黄城根北街 16 号
邮政编码：100717
http://www.sciencep.com

北京虎彩文化传播有限公司 印刷
科学出版社发行　各地新华书店经销

*

2019 年 7 月第 一 版　　开本：787×1092　1/16
2019 年 7 月第一次印刷　　印张：11 1/4
字数：280 000
定价：32.50 元
（如有印装质量问题，我社负责调换）

山东省职业教育规划教材质量审定委员会

主任委员（按姓氏汉语拼音排序）

冯开梅　郭向军　胡华强　杨光军　赵全红

副主任委员（按姓氏汉语拼音排序）

董会龙　付双美　贾银花　姜瑞涛　李　强　林敬华
刘忠立　司　毅　王长智　张立关　张志香　赵　波
赵　清　郑培月

秘 书 长　徐　红　邱　波

委　　员（按姓氏汉语拼音排序）

包春蕾　毕劭莹　曹　琳　陈晓霞　程　伟　程贵芹
董　文　窦家勇　杜　清　高　巍　郭传娟　郭静芹
黄向群　贾　勇　姜　斌　姜丽英　郎晓辉　李　辉
李晓晖　刘　洪　刘福青　刘海霞　刘学文　鹿　梅
罗慧芳　马利文　孟丽娟　糜　涛　牟　敏　庞红梅
齐　燕　秦　雯　曲永松　石　忠　石少婷　田仁礼
万桃先　王　鹏　王凤姣　王开贞　王丽萍　王为民
王艳丽　魏　红　吴树罡　项　岚　邢鸿雁　邢世波
宣永华　英玉生　于全勇　张敏平　张乳霞　张文利
张晓寒　赵　蓉

Preface 前言

礼仪是人类文化的积淀，是反映社会文明和进步的重要标志。同时也是个人素质与教养水平的外在表现。孔子曰："不学礼，无以立。"清初思想家颜元有曰："国尚礼则国昌，家尚礼则家大，身有礼则身修，心有礼则心泰。"学习礼仪有助于塑造良好的个人形象、掌握良好沟通技巧和拓展良好的人际关系。礼仪是当今社会立身处世和获得事业成功的法宝。

本教材依据山东省教育厅职业教育"文明礼仪"课程标准的内容和要求，结合山东省教育科学十三五规划课题"中国优秀传统文化与现代礼仪深度融合研究（BYH2017012）"的有关内容而编写。全书设计认知篇、个人形象礼仪篇、家庭礼仪篇、校园礼仪篇、职场礼仪篇和社交礼仪篇6个模块，每个模块又设有不同的章节介绍不同的礼仪（礼仪认知、仪容礼仪、仪表礼仪、仪态礼仪、家庭礼仪、校园礼仪、会面礼仪、公务礼仪和会议礼仪、办公室礼仪、称谓礼仪、位次礼仪和界域礼仪、求职礼仪、沟通礼仪、宴会礼仪、涉外礼仪）。

本教材以案例的形式引出学习内容，穿插"课堂互动"和"知识拓展"，便于学生更加清晰地掌握礼仪知识。本教材图文并茂，配有视频等数字化资源，方便了教与学。

本教材在编写过程中，得到了编者学校领导和广大师生的大力支持；同时科学出版社对该教材进行了数字化开发，增强了教材的可读性。在此表示感谢。

限于编写时间仓促和编者水平有限，本教材难免存在不足之处，敬请广大读者批评指正。

魏 红 李 莉
2019年6月

Contents 目录

认知篇

第1章 礼仪认知 /3
- 第1节 认识礼仪 /3
- 第2节 礼仪的基本原则和功能 /5
- 第3节 中国传统文化名篇欣赏——《弟子规》 /6

个人形象礼仪篇

第2章 仪容礼仪 /13
- 第1节 静态仪容礼仪 /13
- 第2节 动态仪容礼仪 /17

第3章 仪表礼仪 /22
- 第1节 认识色彩 /22
- 第2节 职场着装原则 /23
- 第3节 男士着装礼仪 /25
- 第4节 女士着装礼仪 /30

第4章 仪态礼仪 /34
- 第1节 站姿礼仪 /34
- 第2节 坐姿礼仪 /36
- 第3节 蹲姿礼仪 /38
- 第4节 行姿礼仪 /39
- 第5节 赞美、引导、挥手和鞠躬礼仪 /40

家庭礼仪篇

第5章 家庭礼仪 /47
- 第1节 家庭礼仪的含义 /47
- 第2节 家庭称谓礼仪 /48
- 第3节 家庭成员相处礼仪 /50
- 第4节 家庭交往礼仪 /55
- 第5节 节日礼仪 /57

校园礼仪篇

第6章 校园礼仪 /63
- 第1节 课堂礼仪与实习礼仪 /63
- 第2节 尊师礼仪 /65
- 第3节 同学相处礼仪 /66
- 第4节 集会礼仪 /67
- 第5节 校园公共场所礼仪 /68

职场礼仪篇

第7章 会面礼仪 /73
- 第1节 介绍礼仪 /73
- 第2节 握手礼仪 /75
- 第3节 名片礼仪 /78

第8章 公务礼仪和会议礼仪 /80
- 第1节 公务礼仪 /80
- 第2节 会务礼仪 /85

第 9 章　办公室礼仪　　/ 90
　　第 1 节　办公环境礼仪　/ 90
　　第 2 节　办公室礼仪　　/ 91
　　第 3 节　办公室会客礼仪　/ 95
　　第 4 节　外出礼仪　　　/ 96

第 10 章　称谓礼仪、位次礼仪和界域礼仪　/ 98
　　第 1 节　称谓礼仪　　　/ 98
　　第 2 节　行路位次礼仪　/ 100
　　第 3 节　乘车位次和乘机礼仪　/ 101
　　第 4 节　楼梯及电梯礼仪　/ 104
　　第 5 节　会议、谈判和合影位次礼仪　/ 105
　　第 6 节　界域礼仪　　　/ 109

第 11 章　求职礼仪　　/ 111
　　第 1 节　面试前的准备　/ 111
　　第 2 节　面试礼仪与面试技巧　/ 116

第 12 章　沟通礼仪　　/ 123
　　第 1 节　沟通的含义及意义　/ 123
　　第 2 节　沟通的类型　　/ 124
　　第 3 节　面对面沟通礼仪　/ 124
　　第 4 节　电话沟通礼仪　/ 128
　　第 5 节　网络沟通礼仪　/ 130

社交礼仪篇

第 13 章　宴会礼仪　　/ 135
　　第 1 节　中餐礼仪　　　/ 135
　　第 2 节　西餐礼仪　　　/ 143
　　第 3 节　自助餐礼仪　　/ 149

第 14 章　涉外礼仪　　/ 153
　　第 1 节　国外习俗与禁忌　/ 153
　　第 2 节　涉外礼仪　　　/ 160

参考文献　/ 166

教学基本要求　/ 167

认知篇

第1章 礼仪认知

案例 1-1

小李和小王是一同踏入工作岗位的高等职业院校的毕业生。经过三个月的试用期，人们普遍对小王的评价是：工作认真、细致、效率高，尊重领导和同事，懂礼貌，会看事，会做事；对小李的评价是：工作努力、认真、死板、不善于表达，为人处事能力较弱。试用期后小王转为正式职工，并顺利续签了合同。而小李则没能得到续签。

想一想：1. 产生这种结果的根源是什么？
2. 什么是礼貌、礼仪？为人处世的能力如何培养？

21世纪是一个团队合作的世纪。一项对成功人士的调查发现，成功来自于大约20%的专业能力（智商）和大约80%的交际能力（情商）。专业能力是职场人员的基本能力，是立足之本；交际能力是可持续发展的能力。"礼仪素养"是现代人工作和生活中必备的基本素养，是维护和谐人际关系、提高交际能力必备的一项基本素质，是各类人士通往成功之路的必修课程。

智商高，情商高，春风得意；智商低，情商高，贵人相助；智商高，情商低，怀才不遇；智商低，情商低，一生潦倒。因此，职场呼唤双高职业人士。

第1节 认识礼仪

礼仪是一门世界上仅有少数人通晓并重视的学问，世界上成功人士大多包含在这些少数人之中。一个重视自身修养、重视文明礼仪和人际交往的人更容易实现自己的理想，成为社会的栋梁之材。

一、礼仪的由来

礼仪作为人际交往的行为规范，来源于人们长期的社会生活实践。了解礼仪的起源，有助于我们理解礼仪的本质，自觉地、不刻板地按照礼仪规范进行人际交往。礼仪的来源学说有很多种，归纳起来最主要有三种：

（一）礼仪来源于古代的祭祀

中国传统礼仪来源于古代的祭祀。东汉许慎在《说文解字》中和当代郭沫若在《十批判书》中都说明了古汉语中的"禮儀"来源于古代的祭祀。

"禮"的左偏旁在古汉字中是"神"的意思，而右偏旁是"奉祀行礼之器"——即装满了祭祀礼品（如丰收的粮食等）的器具，表达了古代人对神灵的膜拜和尊重，通过祭祀祈求神灵给他们带来幸福，所以"礼"是"尊重"之意。正如孔子所说："礼者，敬人也。"尊重包括"尊重他人"和"尊重自己"。

"儀"是由"人"和"义"组成，表示通过人的行为举止表达内心对神灵的尊重，所以"仪"是一种"表达"的形式。

在中国古代的文字记载中，"礼"主要有三层意思：一是政治制度，二是礼貌礼节，三是礼物。"仪"也有三层意思：一是容貌和外表，二是仪式和礼节，三是准则和法度。

（二）礼仪起源于风俗习惯

礼仪起源于风俗习惯。在人类社会中，不同的个体在思想、行为和习惯上千差万别，然而人们的社会交往却还能有序地进行，这是因为每个社会在不同的时期都有一套特定的行为规范和准则，用来指导和约束人们的交往行为，逐渐成为人们约定俗成的交往行为习惯。

（三）西方礼仪来源于法庭的规定

西方礼仪一词是由 etiquette 演变而来，意思是法庭上用的一种"通行证"，上面记载着进入法庭的人们必须遵守的规矩和行为准则，后来逐渐演变成人际交往必须遵守的行为准则。

二、礼仪的含义

由礼仪的来源可以看出，礼仪是人类在长期的社会生活实践中，为协调主客观矛盾的需要，在人与人的交往过程中产生的约定俗成的交往规范和技巧。

从民俗的角度来看，礼仪是人际交往中必须遵守的律己敬人的习惯形式。

从审美的角度来看，礼仪是一种形式美，它是人的心灵美的必然外化。

从传播的角度来看，礼仪是人际交往中进行沟通的技巧。

从道德的角度来看，礼仪是为人处世的行为规范。

礼仪的核心是"尊重"。"礼"——尊重。"仪"——恰到好处地向别人表示尊重的具体形式。"礼仪"通过一定的言行举止来表达内心对他人的尊重，让他人知道并接受。

站在职场的角度，对于"礼仪"又作何理解呢？礼仪是各类职场（商务、政务、服务、社交、涉外）活动中人们必须遵守的行为规范。

三、礼仪的特征

礼仪是在人类发展的进程中约定俗成、相延成习的行为规范。与其他行为规范相比，礼仪有其独具的属性和特点，礼仪有着明显的国际性、民族性、传承性和时代性。

1. 国际性　礼仪是人类在社会生活实践中，为了协调主客观矛盾而产生的约定俗成的行为规范，是全人类的共同需要。作为一种文化现象，它跨越了国家和地区的界线，为世界各国人民所共同拥有。

2. 民族性　礼仪作为约定俗成的行为规范，在拥有共性的同时，又表现出一种较为明显的民族和国别的差异性。

3. 传承性　礼仪是一个国家、一个民族传统文化的重要组成部分。任何一个国家的礼仪都是在本国古代礼仪基础上发展、延续而来。作为一种人类的文明的积累，人们将交际应酬过程中的习惯做法（即礼仪）固定下来，流传下去，并形成自己的民族特色。

4. 时代性　礼仪作为一种文化范畴，具有浓厚的时代特色，是随着时代的变更而不断变化的，不是一成不变的。

四、礼仪的分类

根据工作性质和交往范围的不同，礼仪可以分为职业礼仪和非职业礼仪。职业礼仪又分为政务礼仪、商务礼仪和服务礼仪。非职业礼仪又分为社交礼仪和国际礼仪等。

1. 政务礼仪（government affairs etiquette）　也称国家公务员礼仪。国家公务员在进行政务活动时，代表着国家机关的形象，应该遵守国家公务员的礼仪规范。

2. 商务礼仪（business etiquette）　是公司、企业的从业人员及其他从事经济活动的人士在工作过程中所共同遵守的礼仪规范。

3. 服务礼仪（service etiquette）　是各类服务行业的从业人员（如银行、酒店、汽车销售、房地产、飞机、高铁、医院等行业的服务人员）在执业过程中应该遵守的礼仪规范。

4. 社交礼仪（social etiquette）　又称交际礼仪，是指社会各界人士进行非正式或一般性的交际应酬中所共同遵守的约定俗成的礼仪规范。

5. 国际礼仪（foreign etiquette）　又称涉外礼仪，是人们在国际交往中，相互尊重各国的礼节、禁忌等，而约定俗成的礼仪规范。

第2节　礼仪的基本原则和功能

礼仪的核心是"敬人"，在这样一个核心原则下，礼仪给人们创造出安定、和谐的氛围，使人们心情舒畅。在不同的时间和场合，针对不同的对象，人们采用的礼仪有所不同，但其所遵循的基本原则是一致的。

一、礼仪的黄金原则

（一）待人如己与优待他人原则

像关爱自己那样去关心别人的需求。联合国大厦三楼走廊的一端，有一幅马赛克镶嵌画，它出自美国近代著名画家诺曼·洛克威尔。画中是不同肤色、不同民族的神色凝重的男女老少的画像，画的主题叫"黄金法则"，上面写着："DO UNTO OTHERS AS YOU WOULD HAVE THEM DO UNTO YOU."翻译成中文就是我国孔子的千年古训："己所不欲，勿施于人"，这种跨越千年、跨越国界、跨越种族的思想以这种方式交融了中西方文化，表达着一个普世认同的价值观——待人如己与优待他人。

（二）尊重原则

尊重是礼仪的核心。美国心理学家马斯洛的人类需求的五个层级中（图1-1）：生理需要为第一级，安全需要为第二级，归属感和爱的需要为第三级，被尊重的需要为第四级，自我价值实现的需要为第五级。人们在获得了基本需求之后，渴望获得他人的尊重是人类的共同需求。因此懂得尊重他人的人，才能获得他人的尊重。

尊重包括自我尊重和尊重他人双重含义。德国著名哲学家、文学家尼采说："最高贵的灵魂是自己对自己的尊重"。

自我尊重：尊重自己的人格；尊重自己的职业；尊重自己的单位（或学校）等。

图1-1　马斯洛的人类需求的五个层级

尊重他人：尊重领导是天职；尊重下属是美德；尊重同事（或同学）是公德；尊重客户是本职。

（三）体谅、理解和宽容的原则

人们在运用礼仪时，既要严于律己，又要宽以待人。要容忍他人、体谅他人。体谅是建立在同理心或换位思考基础之上的一种发自内心的态度。

同理心（empathy）是情商（emotional quotient，EQ）理论的专有名词。同理心又称"共情"，是指站在对方的立场上，正确了解对方的感受、情绪和内心世界，进而做到与对方"共情"，即理解对方、体谅对方、关心对方，做到与对方情感上的共融。一个懂得体谅、理解和宽容他人的人是最受人尊敬和爱戴的。

> **课堂互动**
>
> 在老师指导下进行同理心训练。
> 1. 老师请同学用手搭一个"人"给"我"看。
> 2. 让同学想一想对于大哭大闹不愿意输液的儿童,怎样利用同理心进行疏导?

(四)诚恳原则

用诚恳的态度对待交往对象,诚心诚意,表里如一,言行一致,容易博得对方的好感、信任和尊重。

(五)适度原则

运用礼仪时必须注意技巧,把握好分寸,合乎规范。具体要求是:感情适度、谈吐适度、举止适度。关心过度也是一种伤害。

二、礼仪的功能

社会是人类生活的共同体。在社会正常运转和延续发展的过程中,礼仪发挥着重要的功能。礼仪具有协调功能、沟通功能、维护功能、教育功能和美化功能等。

1. 协调功能　礼仪是社会交往的润滑剂。人们注重礼仪规范,互相尊重,友好合作,就能够缓和或避免不必要的矛盾和冲突。

2. 沟通功能　在人际交往过程中,热情的问候、友善的目光、亲切的微笑、文雅的谈吐、得体的举止等礼仪的运用,可以促进交流和沟通的成功。

3. 维护功能　礼仪是整个社会文明发展的标志,人们学礼、知礼、用礼,在维护社会秩序方面,礼仪起着重要的作用。

4. 教育功能　礼仪蕴含着丰富的文化内涵,是一种高尚、美好的行为方式。它潜移默化地影响着人们的心灵,通过评价、劝阻、示范等教育形式纠正人们不良的行为习惯。

5. 美化功能　礼仪讲究和谐,重视内在美和外在美的统一,是心灵美、仪表美、举止美的有机整体,人们运用礼仪,注意塑造自身的形象,充分展示美好的风采。

综上所述,知书识礼,待人以礼,应当是当代青少年的一种基本素养。礼仪不仅显示其修养、素质和形象,而且直接影响到事业、人生的成功。在构建社会主义和谐社会的今天,礼仪也是衡量一个社会、一个国家文明程度的重要标志,是社会文明、进步、和谐的重要保障。因此,在青少年学生中,深入开展礼仪教育,有着重要的意义。

第3节　中国传统文化名篇欣赏——《弟子规》

《弟子规》属于中国传统文化名篇,学习中国传统文化名篇可以感悟古今礼仪文化精髓。

《弟子规》原名《训蒙文》,为清朝康熙年间秀才李毓秀所作,后经清朝贾存仁修订,改名为《弟子规》。其内容采用《论语·学而篇》中"弟子入则孝,出则弟,谨而信,泛爱众,而亲仁,行有余力,则以学文"的文义,以三字一句、两句一韵编辑而成,具体列举出弟子在家、出外、待人接物和求学等的礼仪和规范。《弟子规》是启蒙养正,教育子弟敦伦尽份、防邪存诚,养成忠厚家风的最佳读物。

《弟子规》共1080字,分别列出113件事情,其中"孝(入则孝)"24则,"弟(出则弟)"13则,"谨"24则,"信"15则,"泛爱众"21则,"亲仁"4则,"学文(余力学文)"12则。全文如下附。

附：

弟 子 规

总 叙

| 弟子规 | 圣人训 | 首孝悌 | 次谨信 |
| 泛爱众 | 而亲仁 | 有余力 | 则学文 |

入 则 孝

父母呼	应勿缓	父母命	行勿懒
父母教	须敬听	父母责	须顺承
冬则温	夏则凊	晨则省	昏则定
出必告	反必面	居有常	业无变
事虽小	勿擅为	苟擅为	子道亏
物虽小	勿私藏	苟私藏	亲心伤
亲所好	力为具	亲所恶	谨为去
身有伤	贻亲忧	德有伤	贻亲羞
亲爱我	孝何难	亲憎我	孝方贤
亲有过	谏使更	怡吾色	柔吾声
谏不入	悦复谏	号泣随	挞无怨
亲有疾	药先尝	昼夜侍	不离床
丧三年	常悲咽	居处变	酒肉绝
丧尽礼	祭尽诚	事死者	如事生

出 则 弟

兄道友	弟道恭	兄弟睦	孝在中
财物轻	怨何生	言语忍	忿自泯
或饮食	或坐走	长者先	幼者后
长呼人	即代叫	人不在	己即到
称尊长	勿呼名	对尊长	勿见能
路遇长	疾趋揖	长无言	退恭立
骑下马	乘下车	过犹待	百步余
长者立	幼勿坐	长者坐	命乃坐
尊长前	声要低	低不闻	却非宜
进必趋	退必迟	问起对	视勿移
事诸父	如事父	事诸兄	如事兄

谨

朝起早	夜眠迟	老易至	惜此时
晨必盥	兼漱口	便溺回	辄净手
冠必正	纽必结	袜与履	俱紧切
置冠服	有定位	勿乱顿	致污秽
衣贵洁	不贵华	上循分	下称家
对饮食	勿拣择	食适可	勿过则

年方少　勿饮酒　饮酒醉　最为丑
步从容　立端正　揖深圆　拜恭敬
勿践阈　勿跛倚　勿箕踞　勿摇髀
缓揭帘　勿有声　宽转弯　勿触棱
执虚器　如执盈　入虚室　如有人
事勿忙　忙多错　勿畏难　勿轻略
斗闹场　绝勿近　邪僻事　绝勿问
将入门　问孰存　将上堂　声必扬
人问谁　对以名　吾与我　不分明
用人物　须明求　倘不问　即为偷
借人物　及时还　后有急　借不难

信

凡出言　信为先　诈与妄　奚可焉
话说多　不如少　惟其是　勿佞巧
奸巧语　秽污词　市井气　切戒之
见未真　勿轻言　知未的　勿轻传
事非宜　勿轻诺　苟轻诺　进退错
凡道字　重且舒　勿急疾　勿模糊
彼说长　此说短　不关己　莫闲管
见人善　即思齐　纵去远　以渐跻
见人恶　即内省　有则改　无加警
唯德学　唯才艺　不如人　当自砺
若衣服　若饮食　不如人　勿生戚
闻过怒　闻誉乐　损友来　益友却
闻誉恐　闻过欣　直谅士　渐相亲
无心非　名为错　有心非　名为恶
过能改　归于无　倘掩饰　增一辜

泛爱众

凡是人　皆须爱　天同覆　地同载
行高者　名自高　人所重　非貌高
才大者　望自大　人所服　非言大
己有能　勿自私　人所能　勿轻訾
勿谄富　勿骄贫　勿厌故　勿喜新
人不闲　勿事搅　人不安　勿话扰
人有短　切莫揭　人有私　切莫说
道人善　即是善　人知之　愈思勉
扬人恶　即是恶　疾之甚　祸且作
善相劝　德皆建　过不规　道两亏
凡取与　贵分晓　与宜多　取宜少
将加人　先问己　己不欲　即速已

恩欲报	怨欲忘	报怨短	报恩长
待婢仆	身贵端	虽贵端	慈而宽
势服人	心不然	理服人	方无言

<h3 style="text-align:center">亲　仁</h3>

同是人	类不齐	流俗众	仁者希
果仁者	人多畏	言不讳	色不媚
能亲仁	无限好	德日进	过日少
不亲仁	无限害	小人进	百事坏

<h3 style="text-align:center">余 力 学 文</h3>

不力行	但学文	长浮华	成何人
但力行	不学文	任己见	昧理真
读书法	有三到	心眼口	信皆要
方读此	勿慕彼	此未终	彼勿起
宽为限	紧用功	工夫到	滞塞通
心有疑	随札记	就人问	求确义
房室清	墙壁净	几案洁	笔砚正
墨磨偏	心不端	字不敬	心先病
列典籍	有定处	读看毕	还原处
虽有急	卷束齐	有缺坏	就补之
非圣书	屏勿视	蔽聪明	坏心志
勿自暴	勿自弃	圣与贤	可驯致

小　结

本章主要介绍了礼仪的由来、含义、特征、分类、礼仪的基本原则和功能及《弟子规》全文赏析。

思考题

1. 简述您对"礼仪"含义的认识。
2. 简述礼仪的基本原则和基本功能。
3. 根据工作性质和交往范围的不同，礼仪可以分为哪几类？
4. 通过学习弟子规，具体列述弟子在家、出外、待人、接物与学习上应该恪守的守则规范。

个人形象礼仪篇

第 2 章 仪容礼仪

案例 2-1　　　　　　　　　一次失败的会面

一天，国内某公司李总经理获悉有一家国外著名公司的总经理将来本市访问，并有意寻找合作伙伴。于是她想尽办法请有关部门为其公司牵线搭桥，促成此事。

她终于获得了与这家外国公司总经理会面的机会。在双方会面的那一天她精心打扮了一番：粉红色连衣裙、白色高跟鞋、一对金色的大耳环、铂金项链、钻石戒指、翡翠手镯、披肩长发和精致的妆容。她是想给对方留下思想先进、时尚新潮的印象。

然而事与愿违，李总经理的这番自认为"时尚而得意"的打扮却恰恰坏了事。

想一想： 李总经理的打扮究竟有什么问题？外国公司的总经理对她会有何评价？

知识导入　　　　　　　　　"首因效应"

心理学上有一个"首因效应"，即当陌生人初次见面时，最初 3~10 秒留给对方的第一印象就已形成，决定着对人的判断，将长期深深地印在脑海中，并决定着是否愿意继续交往。"首因效应"的组成遵循 55、38、7 规律：即 55% 的外表（仪容仪表）、38% 的肢体语言（仪态）、7% 的语气和内容。由此可见，一个人的仪容、仪表和仪态是构成第一印象的主要因素，影响他人对您的社会地位、人格、价值取向、专业能力和任职资格的判断。

想一想： 在短短的公务交往中，作为单位的代表如何给意向合作方留下完美的第一印象？如何取得意向合作方的信任、肯定，并愿意成为你的合作伙伴？

案例点评： 李总经理的问题是仪容和仪表不适合正式场合。打造好自己适合的外部形象，留给他人第一印象的机会只有一次，不要让形象成为人际交往的绊脚石。

一个人的形象主要由仪容、仪表和仪态三部分组成。

仪容主要指人的容貌，即人体肩部以上的部位和其他外露的部位（如手部）。仪容在人际交往中往往是其身体上最受对方关注的部位。一个拥有良好社交形象的人的仪容应该是整洁、美观和自然的，表情应该是温和、生动的。本章将仪容分为静态仪容和动态仪容。

静态仪容主要指人的容貌修饰，由人的发式、面部、颈部、手部等构成。动态仪容是指人的眼神和面部表情。

第1节　静态仪容礼仪

一、仪容修饰的基本要求

职场和社交场合仪容修饰的原则是洁净、整齐、自然、淡妆（图 2-1）。

（一）头发

头发洁净、整齐，不做奇异发型。职场要求：前发不遮眉、侧发不掩耳、后发不及领。女性长发要求束发、盘发或用发网固定头发，不用华丽的头饰。社交场合女士发型可表现出个性和时尚，或温婉、或高贵、或素雅、或华丽。

（二）眼睛

眼睛要求清洁，无眼垢，无睡意。眼镜端正、洁净明亮，职场不戴墨镜或有色眼镜。

图 2-1　职场仪容的基本要求

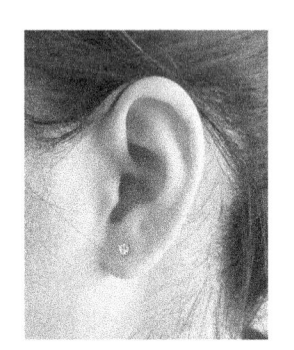

（三）耳朵

耳朵要求内外洁净，无毛发外露；职场女性一般允许戴耳钉（图2-2）（或遵守单位规定，不戴耳钉），职场女性一般不允许戴耳环或耳坠（图2-3）。

（四）鼻子

要求鼻孔洁净，鼻毛不外露。

（五）胡子

养成每天刮胡子的习惯，或将胡子修剪整齐，不留长胡须和八字胡。

图 2-2　耳钉　　　　　　　图 2-3　耳环

（六）口部

注意口腔清洁，无异味，不嚼口香糖等。女性不用深色或艳丽的口红。

（七）手部

手部要洁净，职场不留长指甲（从手心看去指甲离指肉不超过 1 毫米），职场不涂有色指甲油（图2-4）。一般只允许佩戴结婚或订婚戒指（或遵守单位规定不戴戒指）。

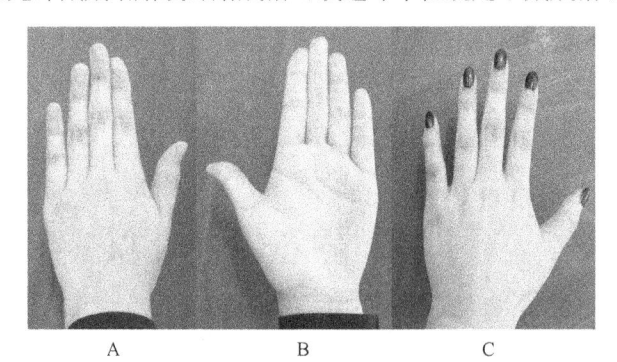

A　　　　　　B　　　　　　C
图 2-4　A、B 符合职场要求；C 不符合职场要求

（八）面部

面部画清新淡妆，化妆是一种礼貌，是尊重他人和尊重自己的一种表现形式。

二、工作淡妆

职业女性应"化妆上岗，淡妆上岗"，这是对自己和工作对象的尊重。

（一）化妆的原则

1. 自然原则　化妆的最高境界是自然，给人一种天生丽质的感觉，因此要掌握化淡妆的技巧。

2. "扬长避短"原则　根据自己的肤色、脸型和五官的立体程度，运用合适的底色、提亮色和阴影等技巧，使肤色变得自然靓丽、脸型得以修饰、五官更加立体和美观。

3. 协调原则　协调包括三个方面：第一，要与年龄、职业、场合和服饰协调；第二，化妆品最好是同一系列，因不同品牌的化妆品往往香型、色泽都不同，易造成冲突，达不到理想的效果；第三，化妆的各个部位要协调，不同部位的颜色过渡要不留痕迹。

4. 不以残妆示人原则　在用餐和出汗之后要及时补妆。

5. "修饰避人"的原则　即不在公共场合化妆和补妆，化妆是一种隐私行为，应到无人之处（如洗手间等）化妆或补妆。

6. 专用原则　为保障个人卫生和健康，防止疾病的传染，不可随意使用他人的化妆品。

（二）颜色对视觉的影响

化妆中要巧用明暗色来扬长避短、修饰脸型，提高面部的立体感。

（1）暗色调：视觉上给人以凹、低和收缩的感觉。

（2）明色调：视觉上给人以凸、高和扩张的感觉。

因此，巧用阴影和提亮色增加鼻梁的高度、眼部的凹度，增加眼部神采，改善脸颊的形态。

（三）化妆的程序和技巧

1. 准备阶段

（1）束发：将长发扎好或盘起，短发用发卡夹好，以免影响施妆。

（2）修眉：用修眉刀修除杂乱的眉毛，并尽量修成一定的形状，如柳叶眉、一字眉、上挑眉和拱形眉等，为画眉打好基础。

（3）洁肤：化妆前应清洗面部及双手的油脂和污垢，有利于妆色的洁净和保持。

（4）护肤：①使用柔肤水或爽肤水给皮肤补充水分、软化角质，平衡 pH；②使用面霜或乳液可以进一步补充水分及营养，使皮肤柔润和光滑；③使用油性霜或隔离霜，隔离有色化妆品，并防止脱妆。

2. 施妆阶段

（1）基础底色：施粉底掩盖面部瑕疵，改善肤色，减少面部的油光。粉底的颜色要与皮肤的颜色相近且略浅。注意施粉底要均匀，不要让脸部和颈部有明显的分界线。

（2）提亮色：在鼻梁、额头眉骨和下巴部位涂一些提亮色，可以使鼻梁显得挺拔、额头饱满、下巴微翘。

（3）画阴影：在鼻梁两侧涂阴影，视觉上可以增加鼻梁的高度。在脸颊两侧涂阴影，可以让脸部起到收缩（瘦脸）的效果。

（4）定妆容：画好妆面后，可以均匀地扑上干粉固定妆面。

（5）涂眼影：目的是修饰眼形，增加眼睛的立体感，要注意结合肤色、服装等选择眼影。先涂浅色眼影，再涂深色眼影。职场宜选择淡咖色眼影，给人自然、优雅和端庄的感觉；社交场合可以涂较深的眼影，衬托整个眼睛的轮廓，显得妩媚动人。

（6）画眼线：目的是使眼睛显得明亮有神。眼线沿着睫毛根部轻轻地画，上眼线从内向外画，外眼角稍微粗重和上挑一些；下眼角从外向内画，可以只画外 2/3，也可只画外 1/3 和内 1/3，中间不画。初学者使用眼线笔比使用眼线液更容易掌握。

（7）夹睫毛、涂睫毛膏：用睫毛夹卷睫毛，然后涂睫毛膏，常用黑色睫毛膏，注意睫毛膏不要涂得太厚重，不要晕染到下眼睑。涂睫毛膏的目的是使睫毛看起来更浓密，突出眼睛的神韵。

（8）画眉毛：画眉要自然，可根据脸型选择眉形，如柳叶眉、一字眉、上挑眉和拱形眉等。再根据眉形仔细地一根一根地画，最后用螺旋刷和眉刷刷眉头和整个眉毛，使其更加自然。

（9）涂腮红：使脸色红润。在颧骨位置蘸一些腮红，用刷子向脸的后上方刷匀。

（10）涂唇膏：选择与肤色相近的唇线笔，确定唇峰，然后从嘴角开始向唇峰画。画好唇线后，先涂润唇膏，再涂唇膏；唇膏和唇线结合处，用唇刷轻刷使之融合，唇膏避免超出唇线边界。为了使唇膏自然、持久，可以轻含面巾纸，抿一下后迅速松开，粘去多余的唇膏。

3．检查阶段　检查妆面，观察是否有漏画，是否有残妆，查看整体效果。

4．卸妆阶段　参加完活动或下班回家，要及时清理妆面，清洗时要使用卸妆油或洁面乳，温和而彻底地卸除面部的化妆品。卸妆的步骤：①局部重点卸妆；②整体卸妆；③净面护肤。

知识拓展　　　　　　　　　　　　常见的四种眉形

1．柳叶眉　被冠为东方女性最美最标致的眉形，给人精致秀气的感觉，没有攻击性。柳叶眉几乎适合于所有脸型和所有年龄的女士。柳叶眉的特点：眉尾和眉头基本在同一条水平线上或眉尾稍高于眉头，眉峰在整条眉毛的外1/3处（图2-5A）。

2．拱形眉　可以打造出女性的婉约气质。比较适合菱形脸或者是三角形脸。拱形眉的特点：拱形眉的眉头和眉尾基本在一条水平线上，眉峰在整条眉毛的约1/2处或外2/5处。整个眉毛的形状弧度较大，呈拱形（图2-5B）。

3．一字眉（又名平直眉）　是国内年轻人中流行的一种眉形。一字眉给人一种青春、时尚、亲切、洒脱、干练之感。V形脸和长形脸适合画一字眉。一字眉的特点：眉尾与眉头基本在一条水平线上，眉峰在眉毛的外1/4处呈刀形，眉宽不小于0.5厘米（图2-5C）。

4．上挑眉　给人一种朝气蓬勃的感觉。圆脸和椭圆脸较适合高挑眉。上挑眉的特点：眉头低，眉峰比眉头高一些，眉峰在整条眉毛的外1/3处或者外1/4处，眉尾上扬，结尾处略高于眉头（图2-5D）。

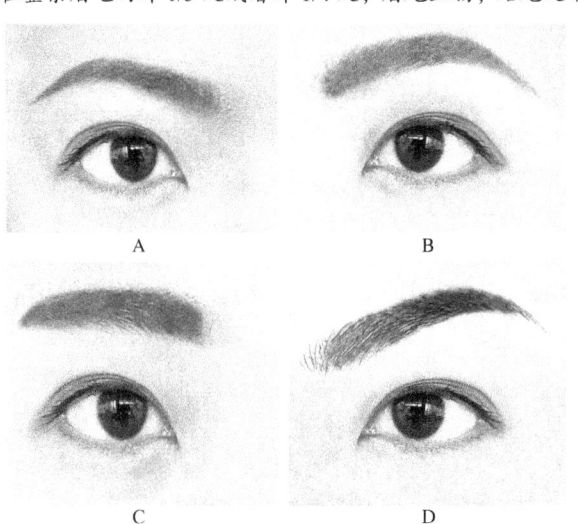

A　　　　　　　　B

C　　　　　　　　D

图2-5　常见的四种眉形

A．柳叶眉；B．拱形眉；C．一字眉；D．上挑眉

三、香水的使用

香水被称为液态宝石，是女性最好的饰品。职场女性使用香水应以气味芬芳、清淡为好，香水使用恰当，可以起到"人去留香"的效果。

男士使用香水是时代进步的象征，职场男性应尽量使用男士专用香水或古龙香水，其香味较女性香水更为清淡。

（一）香水的正确使用方法

1. 走进雾里法　气味浓烈的香水，可以手握香水，手臂伸直将香水喷到空气中，低头走进雾里，停留2～3秒。低头是为了防止香水雾弄到脸上，避免太阳光直射时产生斑痕。

2. 七点法　在晚上参加正式的宴会、舞会或者晚上的婚礼时，需要用七点法。先将香水喷到手腕，然后用中指和无名指蘸取后拍到以下七个部位。

（1）手腕：先喷1滴在双手腕，用中指和无名指揉搓均匀。

（2）耳后：中指和无名指蘸少许划过后颈。

（3）头发：蘸一点在手上，拍打头发。

（4）腰部：中指和无名指蘸少许拍到腰部两侧。

（5）大、小腿内侧：中指和无名指蘸少许拍到大、小腿内侧。

（6）膝盖窝：中指和无名指蘸少许拍到膝盖窝。

（7）脚踝内侧：中指和无名指蘸少许拍到脚踝内侧。

3. 简单法　白天不需要用七点法，可以在手腕、耳后或腰部三处涂抹。只有晚上参加正式的宴会、舞会或者晚上的婚礼，才需要用到七点法。

4. 过敏性皮肤用法　过敏性皮肤，可喷到衣领的内侧、衣角的内侧；还可以喷到一块布上，抖一抖，使香水的大颗粒抖掉，然后铺到衣服上，用熨斗熨一下，将香水渗到衣服上。

（二）香水使用六禁忌

1. 忌喷得太多，气味令人窒息。

2. 忌重叠使用不同香味的香水。每一种香水都有自己独特的语言和品味，若重叠使用不同香味的香水，则失去香水原有的品质。

3. 忌流汗时喷香水，增加难闻的味道。也不要喷到易出汗的部位，如腋下。

4. 忌在直接接触阳光的部位喷香水，因香水经紫外线照射会产生斑痕。

5. 忌把香水喷到白色衣服上，以免留下斑痕。

6. 忌把香水喷到金银珠宝饰品上，以免使饰品损伤或褪色。

第2节　动态仪容礼仪

动态仪容是指人的眼神和面部表情。灵动的目光、善良温和的面部表情，是每个人都乐于接纳的最好的仪容。

一、眼　　神

眼睛是人的心灵之窗，从一个人的眼神中可以看到他的内心世界。眼神是面部表情的核心，一个拥有良好交际形象的人，眼神应该是亲切、友善、坦然的。在人际交往中，我们要注意对人的注视，在不同场合针对不同的关系，注视的部位、注视的角度和注视的时间有着不同的含义和要求。

（一）注视的区域

1. 公务注视　在洽谈、磋商、谈判等严肃场合中，目光要严肃认真，注视对方的部位应在以鼻尖为底线、额中发际线为顶角所形成的三角区域内（图2-6A）。

2. 社交注视　在各种社交场合，注视对方的位置应在以两眼为上线、唇心为下顶角所形成的倒三角区域内（图2-6B）。

3. 亲密注视　在亲人之间、恋人之间、家庭成员之间，注视的位置在对方双眼到胸部之间的区域（图2-6C）。

4. 远距离注视　远距离注视时，注视对方的眉部以上就可以了，肩部以下至膝盖以上是隐蔽区域，总是注视这样的区域会使人感到不舒服或讨厌。

图2-6　不同的注视区域

A. 谈判注视区域；B. 社交注视区域；C. 亲密注视区域

（二）注视的角度

注视的角度不同，表现出的含义也不同。

1. 仰视　体现出"崇拜、期待"或"自卑"。
2. 俯视　体现出"爱护、宽容"或"傲慢"。
3. 斜视　体现出"怀疑、轻蔑"或"不自信"。
4. 正视　体现出"公正、坦率"或"自信"。

（三）注视的时间

注视，是尊重对方的表现，在交谈过程中，注视的目光要柔和，目光注视的时间累计应达到整个谈话过程的30%～60%，尤其是听的一方更应该保证有足够的注视时间。一般每次注视对方眼睛2～3秒后可移到注视区域的其他地方，有时双方目光会出现对视，此时不要迅速躲闪，而应泰然自若地缓慢移开。

二、微　　笑

微笑，是人类最美的仪容和最好的面部表情。微笑是世界通用语言，被世界上各个国家的人所接受，没有人能够拒绝别人的微笑。人际交往中有三种神奇的力量：微笑、倾听和赞美。在国际交往中，外交家和企业家将微笑视为人际交往的第一语言和魔力开关。

（一）微笑的魔力

案例 2-2　"空姐的第十二次微笑"

飞机起飞前，一位乘客请求空姐给他倒一杯水吃药。空姐很有礼貌地说："先生，为了您的安全，请稍等片刻，等飞机进入平稳飞行后，我会立刻把水给您送过来。"

15分钟后，飞机早已进入了平稳飞行状态。突然，乘客服务铃急促地响了起来，空姐猛然意识到：糟了，由于太忙，她忘记给那位乘客倒水了！她小心翼翼地把水送到那位乘客跟前，面带微笑地说："先生，实在对不起，由于我的疏忽，延误了您吃药的时间，我感到非常抱歉。"可无论她怎样解释，这位乘客都不肯原谅她的疏忽。

接下来的飞行途中，为了补偿自己的过失，每次去客舱给乘客服务时，空姐都会特意走到那位乘客面前，面带微笑地询问他是否需要帮助，这样的行为和问候一共重复了十一次，然而，那位乘客始终不肯原谅她。

临到目的地时，那位乘客要求空姐把留言本给他送过去，很显然，他要投诉这名空姐。此时，空姐心里虽然很委屈，但仍不失职业道德，彬彬有礼、面带微笑地说："先生，请允许我再次向您表示真诚的歉意，无论您提出什么意见，我都会欣然接受您的批评！"那位乘客接过留言本，开始在本子上写了起来。

飞机安全降落。所有的乘客陆续离开后，空姐打开留言本，惊奇地发现了这样一段话："在整个过程中，你表现出的真诚的歉意，特别是你的第十二次微笑，深深地打动了我，使我最终决定将投诉信写成表扬信！你的服务质量很高，下次如果有机会，我还将乘坐你们的这趟航班！"

案例点评："空姐的第十二次微笑"刚好印证了美国社会学家亚当斯的一段话："在问题还没有发生之前，我就用微笑把它笑走，至少将大问题变成小问题。当你微笑的时候，别人会更喜欢你。而且，微笑会使你自己也感到快乐。它不会花掉你任何东西，但可以赚到任何股票都付不出的红利。"

微笑是一种力量，是一种伟大的爱，微笑可以将交往双方的心理距离拉近，使交往气氛融洽。

面对困难，微笑含着勇敢；面对误解，微笑显出宽容；面对挫折，微笑与自信同在；面对冷漠，微笑洋溢着热情。如果没有微笑，生活就会黯淡无光。

当赞美别人时，微笑会使你的赞美词更有分量；当拜托别人时，微笑会使对方无法拒绝你的请求；交际中出现僵局时，微笑能够缓解气氛；萍水相逢时，微笑能够使对方觉得你像老朋友一样亲切；微笑能使对方觉得自己是值得信赖并能友好相处的人，从而为双方的沟通扫清障碍（图2-7）。

图 2-7　空姐和护士的微笑

（二）微笑的训练

不是每一个人天生就会微笑，微笑需要训练。当我们精神疲惫、心情受挫、内心经受痛苦折磨时，我们一旦在公众场合出现，就要立刻与当下的场合融为一体，保持微笑，这是需要学习和训练才能具有的能力。有人说："控制心情是一种能力，控制表情是一种技巧"。如果我们没有能力控制自己的心情，就让我们控制好自己的表情吧！

微笑要发自内心、自然大方、真挚热忱，展示出自己的亲切与慈祥。微笑要与眼神、眉毛、嘴巴、表情等方面的动作协调配合来完成。生硬、虚伪、情不由衷的微笑不可取。

1. **情绪回忆法**　将自己过去那些令人愉快、喜悦的情景，从记忆中唤醒，使这种情绪重新袭上心头，重现那惬意的微笑（图2-8）。

2. 习惯性伴笑　假装微笑，假笑的次数多了，你的心情就会改变，笑容也将越来越真实。

3. 口型对照法　对着镜子，找到自己最自然、最美观的微笑表情，把精彩的"镜头"封存在记忆中，时时想起并模仿。

4. 含箸法（咬筷子法）　这是日式训练法。道具是圆柱形的筷子，横放于嘴中，用牙轻轻咬住（含住），以观察微笑状态（图2-9）。

5. 手辅助法　手指放在两个嘴角并向脸的上方轻轻上提，同时充满笑意（图2-10）。

图2-8　情绪回忆法　　　　图2-9　含箸法　　　　图2-10　手辅助法

（三）微笑应做到的"三个结合"

微笑不是孤立的表情，微笑与眼睛、语言和仪态适宜地结合才更加真实和自然。

1. 与眼睛结合　在微笑的时候，眼睛也要笑，只有这样才能让人感到真诚，否则，只是"皮笑肉不笑"。灵动的目光、柔美的眼神和轻扬的嘴角才能展现出最美的微笑。

2. 与语言结合　微笑时配上适宜的语言，如"您好""欢迎光临"等礼貌用语，才更加生动。

3. 与身体结合　微笑与身体语言相结合，如一个轻轻的点头、身体一个微微的前倾等，才能给人最好的印象。

（四）微笑眼神要有"三度"

1. 光泽度　精神饱满、神采奕奕、充满自信的目光，加上和蔼的微笑，给人"如沐春风"的良好感受。

2. 交流度　迎着对方的目光，通过微笑的眼神，将你的尊重和热情传递给对方，拉近彼此的距离，同时通过目光的交流，探知对方内心的需求。

3. 集中度　与人交谈时，目光不要闪烁不定，也不要紧盯对方的双眼，应在正确的注视区域内注视对方。

课堂互动

两人一组，进行微笑的训练。

小　结

本章介绍了仪容礼仪，仪容分为静态仪容和动态仪容。静态仪容（头发、眼睛、鼻子、耳朵、胡须、口部、面部、双手）中，主要介绍了仪容修饰的基本要求、工作淡妆的画法及香水的使用方法；动态仪容（眼神和面部表情）中，主要介绍了眼睛应注视的区域、角度和时间，微笑的魔力和微笑的训练方法等。

思 考 题

1. 仪容有哪些基本要求?
2. 化妆的基本程序是什么?
3. 香水有几种使用方法?
4. 在不同的场合、不同的人际关系,相互注视的区域有何不同?
5. 结合案例谈谈"微笑"的作用。
6. 怎样的微笑才能打动人心?

第3章 仪表礼仪

案例 3-1

某公司刘经理几经周折，终于获得了与国内某家大公司洽谈合作的机会，刘经理乘坐飞机前去洽谈，到达目的地机场时，对方公司的接待人员前来机场迎接，接待人员用吃惊的目光看着迎面走来的刘经理：白色西装、黑色皮鞋，手拿一个黑色公文包，拉着一只黑色箱子，由于天气较热，他将西装上衣脱了下来，露出了红色腰带。

第二天，正式洽谈时，刘经理更换了装束：藏蓝色西装、黑色衬衣、白色领带、黑色皮鞋、白色袜子、手拿棕色公文包。与刘经理装束不同的是，这家大公司前来洽谈人员，身着藏蓝色西装、白色衬衣、蓝色斜纹领带、黑色皮鞋、蓝黑色袜子、手拿黑色公文包。

显然刘经理的这身打扮受到了对方公司洽谈人员的轻视和质疑。在整个洽谈过程中，在对方人员轻蔑的目光注视下，刘经理显得越来越不自信了……，最终没有得到对方的信任，合作失败。

想一想：刘经理的两套服装存在什么问题？

案例点评：刘经理的两套服装存在的问题属于颜色搭配不合理，属于仪表礼仪问题。大型企业往往注重职业培训，礼仪培训是职业培训的一个重要组成部分，他们会认为一个没有经过正规礼仪培训的企业，至少在管理上不够专业。

每个人对别人的第一印象都是"以貌取人"的，这是个心理学层面的问题，与其他因素无关。

案例 3-2

美国行为学家迈克尔·阿盖尔做过一项实验：当他以不同的仪表装扮出现在同一个地点时，遇到的情况却完全不同。当他身着西装以绅士的身份出现时，向他问路或是打听事情的陌生人都会彬彬有礼，显得颇有教养；而当他装扮成流浪汉时，接近他的人以无业的游民居多。由此可见，在人际交往中服装是最好的名片，它可以彰显出一个人的社会阶层、价值取向和教养等。

案例点评：着装是人类身份的最好说明，这个案例又一次证明了着装的"吸引法则"——"同类相聚"。

服饰是一种历史、一种文化、一种社会、一种文明的符号。同时也是一种审美符号和情感符号。它能折射出一个人的文化、性格、爱好、情感倾向、心理状态和价值取向等多方面的信息。

下面请跟我们一起学习着装礼仪，首先从色彩开始学习。

第1节 认识色彩

一、色彩的基本知识

色彩，是服装对人们视觉的第一冲击，被称为"服装第一可视物"。

（一）色彩的感觉

当人们看到红色和橙色时会产生温暖、兴奋和扩张的感觉，我们称之为暖色；而看到绿色、蓝色、紫色和黑色时会产生寒冷、沉静和收缩的感觉，我们称之为冷色。

（二）色彩的象征

不同色彩的服饰在不同的场合所产生的效果是不同的，为此，我们需要对色彩的象征性有一定的了解。

（1）红色（暖）：象征着热情、奔放、喜庆、福禄、爱情。
（2）橙色（暖）：象征着活泼、兴奋、温情、充实、友爱。
（3）黄色（中）：象征着智慧、光明、稳重、忠诚、权威。
（4）白色（中）：象征着神圣、纯洁、明亮、高尚、坦荡。
（5）灰色（中）：象征着中立、大方、文雅、谦逊、失意。
（6）蓝色（较冷）：象征着纯洁、自信、宁静、深远、梦幻。
（7）紫色（较冷）：象征着高贵、优雅、端庄、温婉、不安。
（8）绿色（冷）：象征着生命、和平、青春、宁静、温柔。
（9）黑色（冷）：象征着神秘、庄重、严肃、压力、气势。

二、色彩的搭配

色彩的搭配方法主要有对比法、统一法和呼应法。

1. 对比法　是指运用冷暖、深浅、明暗两种特性完全相反的色彩进行组合的方法。

2. 统一法　是指使用同一色系中各种明度不同的色彩，按照深浅不同进行搭配，营造出和谐的美感。例如，西服按照统一法可以选择这样的搭配：如果采用灰色系，搭配的衣服及饰物可以由外向内逐渐变浅，可以组合成"深灰色西服+浅灰底花纹的领带+白色衬衫"。这种着装配饰方法非常适用于工作场合或庄重的社交场合。

3. 呼应法　是指某些关键部位采用同一色彩，使其遥相呼应，产生统一的美感。例如，在正式场合男士穿西服讲究"三一定律"，即公文包、腰带、皮鞋的色彩应相同，这就是呼应法的运用。

第2节　职场着装原则

一、国际通用的TPO原则

TPO原则最早是由日本男装协会于1963年提出的。TPO是time、place、occasion三个英语单词的首字母组合。T代表时间、季节、时代，P代表地点，O代表场合、时机。着装的TPO原则是世界通行的服装穿着打扮的最基本原则，它要求人们的服饰应尽力追求协调。

1. T（time，时间、季节、时代）　白天是工作时间，着装要根据自己的工作性质，总体上以庄重大方为原则（如庄重大方的职业装），如果安排有社交活动或公关活动，则应以典雅端庄为基本着装格调（如典雅的礼服）。

晚间如有宴请、音乐会和舞会等社交活动，由于空间的缩小和人们的心理作用，人们往往对晚间活动服饰给予更多的关注与重视，礼仪要求也严格。晚间着装以晚礼服为宜，以形成典雅大方的形象。

春夏秋冬的季节变化，对人们心理和生理的影响，可以用不同的着装来平衡。着装时要做到冬暖夏凉、春秋适宜。冬天要穿保暖、御寒的冬装，颜色相对要深一些，深色对日光的吸收更充分；夏天要穿通气、吸汗、凉爽的夏装，颜色相对要浅一些，因为浅色对日光的反射较强。

此外，服饰还应顺应时代的潮流和节奏，过分落伍或过分新奇都会令人轻视。

2. P（place，地点）　不同的环境、不同的地点，需要与之相协调的服饰，以获得视觉与心理上的和谐感。从地点上讲，置身在室内或室外，驻足于闹市或乡村，停留在国内或国外，身处于单位或家中，着装的款式应当有所不同。

3．O（occasion，场合、时机）

（1）工作场合：着装应重点突出"庄重保守"的原则，以单一中性色为主。单位如有统一的制服，可以提高着装者以自豪感、自觉性和约束力，并成为一个单位的象征；单位若无统一的制服，西装（套装、套裙）则为广大政务和商务人士的正装，男士最好穿西服套装，女士最好穿西服套裙或连衣裙，要求整齐、端庄、大方，以单一中性颜色为主，不突出性别特征（图3-1）。

（2）社交场合：即工作之余的交往应酬所处的场合。着装应重点突出"时尚个性"的风格，要与交往目的和交往对象相适应。与外宾、少数民族人们相处时，更要尊重他们的习俗禁忌。一般情况下礼服和民族服装是较好的选择，男士西式礼服或黑色中山套装，女士单色旗袍或下摆过膝盖的连衣裙等都是不错的选择（图3-2）。避免穿制服或便服。

在一些比较特殊的场合，有一些专门的着装要求。例如，在喜庆场合不宜穿得太素雅、古板，在庄重的场合不能穿得太随便、宽松，在悲伤场合不能穿得太艳丽，等等。

（3）休闲场合：工作和社交之外的个人活动场合。着装应"舒适自然"，着装不要过于正式，以休闲装和便装为主，营造轻松、愉悦和温馨的氛围（图3-3）。

图3-1 工作场合着装　　图3-2 社交场合着装　　图3-3 休闲场合着装

二、符合身份、扬长避短和遵守常规的原则

1．着装应与年龄、职业协调　不同年龄有不同的着装要求，不同的职业也有不同的着装要求。

（1）不同的年龄：年轻人着装应充分体现出年轻人的朝气和蓬勃向上的青春之美。中老年人的着装则要注意庄重、整洁、雅致，充分体现出中老年人的成熟与稳重，这样才能体现出不同年龄段的独特美。

（2）不同的职业：教师和机关工作人员着装要端庄、大方；医生着装要稳重、不宜过于时髦，否则给病人轻浮的感觉，不利于病人的配合治疗。学生着装要朴实、整洁、大方，不要过于成人化等。

2．着装与体形相协调　并非每个人的体型都十分理想，如果能根据自己的体型挑选合适的服装，扬长避短，则能实现服装美和人体美的和谐统一。

（1）身材较矮的人：最好选择浅色的套装，上衣要稍短一点，拉长腿在全身所占的比例，服装款式上以简单直线为宜，上下颜色应保持一致。不适合穿大花图案或宽格条纹的服装。

（2）身材较胖的人：应选择小花纹、直条纹的服装，最好是冷色调，冷色有"收缩"的效果，在款式上，要力求简洁，中腰略收，衣领以"V"形领为佳。

（3）身材较瘦的人：应选择色彩鲜明、大花图案及方格、横格的衣料，给人以宽阔、健壮的视觉效果，在款式上，应当选择尺寸宽大、上下分割、有花纹、有变化的、较复杂的、质地不太软的衣服，切忌穿紧身衣裤和深色的衣服。

（4）身材较高的人：若想使自己在视觉上略显矮，可以选择上衣略长、颜色略深、纯色或柔和色，配以低圆领或宽大而蓬松的袖子，宽大的裙、裤、衬衣等。

另外，肤色较深的人，穿浅色服装，会获得健美的色彩效果；肤色较白的人穿深色服装，更能显出皮肤的光洁柔嫩。

知识拓展

1. 标准体型的身体比例　标准体型的身体比例符合"黄金分割"，也就是肚脐为界，上半身/下半身=0.618（1∶1.618），或肚脐到脚底的距离/头顶到脚底的距离=0.618，即下半身比上半身长。

2. 体重指数　近几年流行以体重指数来衡量人体的标准或胖瘦。

体重指数（BMI）=体重（kg）/身高（m）^{2}

例：一个身高1.62m，体重51 kg的人，体重指数（BMI）=51/（1.62）^{2}=19.43。

BMI正常范围是18.5～23.9；小于18.5体重过轻；24～27体重过重；28～30轻度肥胖；31～35中度肥胖；大于35重度肥胖。

另外，标准身材，女性腰围≤80cm，男性腰围≤90cm。

第3节　男士着装礼仪

一、男士职业正装

在正式的商务和政务场合，男士以西装为正装。西装起源于17世纪的欧洲，目前已成为全球范围内男士在各种商务、政务场合的通用服装。西装之所以长盛不衰，不仅是因为其穿着效果能体现简洁大方、端庄、工艺精致感，而且穿着者年龄跨度大，适宜老中青三代（图3-4、图3-5）。医院、药店等工作岗位的职业装通常是白色隔离服（图3-6）。

图3-4　男士西装扣子系法（最下面的纽扣不扣） 　　　图3-5　穿西装要露"三白" 　　　图3-6　白色隔离服

能否选择一套适合自己的西装并将衬衣、领带、皮鞋、袜子和腕表完美地结合起来，决定了男士着装的成败。男士选择西装时应注意以下几点：

1. 西装的选择　男士的西装选择要考虑款式、颜色和尺寸等因素。

（1）西装有三件套（配有马甲）和两件套之分，在政务和商务正式场合两件套西装最为常见。

（2）西装有单排扣和双排扣之分，在政务和商务正式场合单排扣西装最为流行，又有三粒扣和两粒扣之分。

（3）西装颜色以深色为主，藏青、深蓝色为佳，其次是灰色，正式晚宴可以穿黑色西装。

（4）西装的面料要高档挺脱，正式礼服最好是全毛面料；日常工作装，则纯毛和混纺均可。

（5）西装尺寸，以系好上衣扣子，胸围应能放入一拳为宜。肩膀、袖子应合适，将手臂抬起、放下，弯手肘时不应有紧绷感。西服的袖长是以手臂下垂后，袖子的下端边缘离拇指 10 厘米为宜，袖子长度一般比衬衫短 1 厘米即可。上衣一般有 1~2 寸（1 寸 ≈ 0.33 厘米）的修改余地，所以，上衣的长度如果长得不多，是可以修改的。

裤子的长度应该是在轻微屈腿时，裤脚刚好落在脚踝的位置。

2. 衬衣的选择　长袖衬衣是搭配西装的唯一选择，颜色应与西装的颜色相协调，最好不是同色。正式场合宜选择白色衬衣，白色衬衣是国际上公认的最正统、最正式的衬衣，面料不要太薄。领口尺寸以系好领口扣子，领口恰好能放入一指（食指），且能自由转动为宜。

3. 领带的选择　领带是西装的点睛之笔。正式工作场合和社交场合，穿西装必须打领带。领带的面料以真丝为佳；领带的颜色和花纹要与西装和衬衣相搭配，颜色不要浅于衬衣，尤其不要黑衬衣搭配白领带；不要佩戴怪异的领带（如皮的、珍珠的）。

领带的长度最好在 56 英寸（1 英寸 ≈ 2.54 厘米）左右。如果是一位比较高的男士，60 英寸较好。领带系好后，领带下端尖头应在腰带扣上下边缘之间。

4. 领带夹的作用　一般情况下，领带打好之后，不需要领带夹。但是在某些场合，为了减少行走时领带任意飘动，或座谈、工作时领带的自由摆动带来的不便，可以使用领带夹固定领带。使用领带夹的正确位置是，七扣衬衣从上向下数第四、五颗纽扣之间，五扣衬衣从上向下数第三、四颗纽扣之间。

领带夹的基本作用是固定领带，其次是装饰。最好选择纯色金属材料的领带夹。

5. 鞋袜的选择　当选藏青、深蓝色西装时，黑色系带皮鞋是最正式和最好的搭配。藏青、深蓝和黑色棉质袜子是最好的选择。

6. 穿西装的三个三原则　正式场合穿西装应遵循下列三个三原则。

（1）三色原则：男士在正式场合穿西装时，全身的颜色（色系）不得超过三种。

（2）三一定律：即鞋子、腰带、公文包这三个地方的颜色应该一致，最好是黑色。

（3）三大禁忌：西装左边袖子上的商标要拆掉；在正式场合，尼龙袜和白色袜子不能穿；不能穿夹克衫或短袖衬衫打领带。

7. 西装穿着的注意事项

（1）西装要笔挺，以藏青色、深蓝色为主，正式晚宴可穿黑色西装。

（2）两粒扣西装，只系上面一粒扣；三粒扣西装只系中间一粒扣或上面两粒扣。西装下面的一粒扣永远不能系（图3-4）；上面的 1~2 粒扣，坐下时可解开，站起后应随手将其扣上。

（3）西装上、下口袋不能放东西。

（4）穿西装要露"三白"：即衬衫前胸露白、袖口和领口应露在西装外 1~2 厘米（图3-5）。

技能训练　　　　　领带的打法

领带的打法，有平结、双环结（亚伯特王子结）、交叉结、双交叉结、温莎结、简式结（马车夫结）、浪漫结、半温莎结（十字结）、四手结等。在这里仅介绍社交和职场最常用的平结、双环结（亚伯特王子结）和温莎结的特点和打法。

1. 平结　为男士最多选用的领带系法之一，几乎适用于各种材质的领带。完成后领带呈斜三角形，适合窄领衬衣。要领：领结下方所形成的凹洞（男人的酒窝）需让两边均匀且对称（图3-7）。

2. 双环结（亚伯特王子结）　一条质地细致的领带，搭配上双环结颇能营造时尚感，适合年轻上班族选用。该领结完成后的特色就是第一圈会稍露出于第二圈之外，不要刻意盖住（图3-8）。

3. 温莎结　是以温莎公爵而命名的领带结，是最正统的领带系法。完成后领带呈正三角形，饱满有力，适合于宽领型的衬衫。该领结的特色是往横向发展，所以应避免材质过厚的领带，领结也勿打得过大（图3-9）。

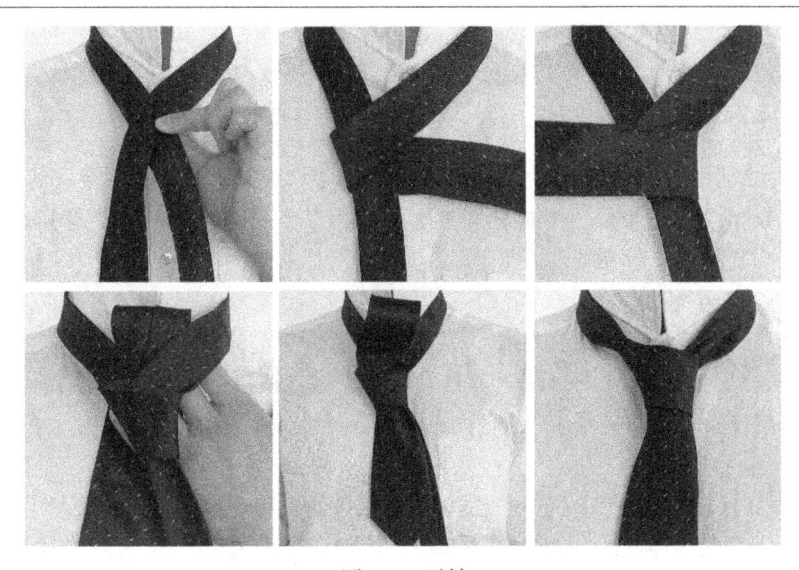

图3-7　平结

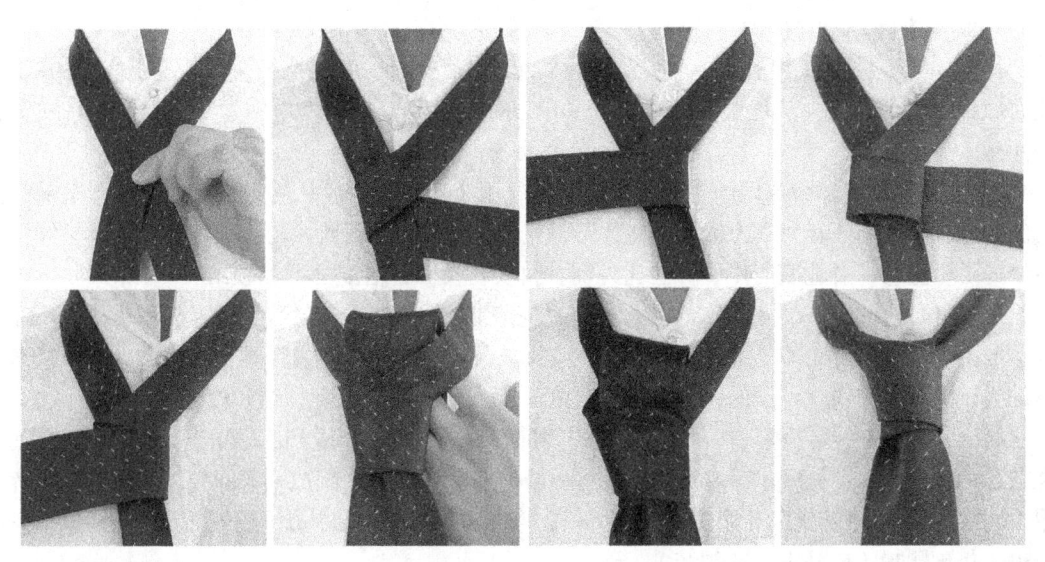

图3-8　双环结（亚伯特王子结）

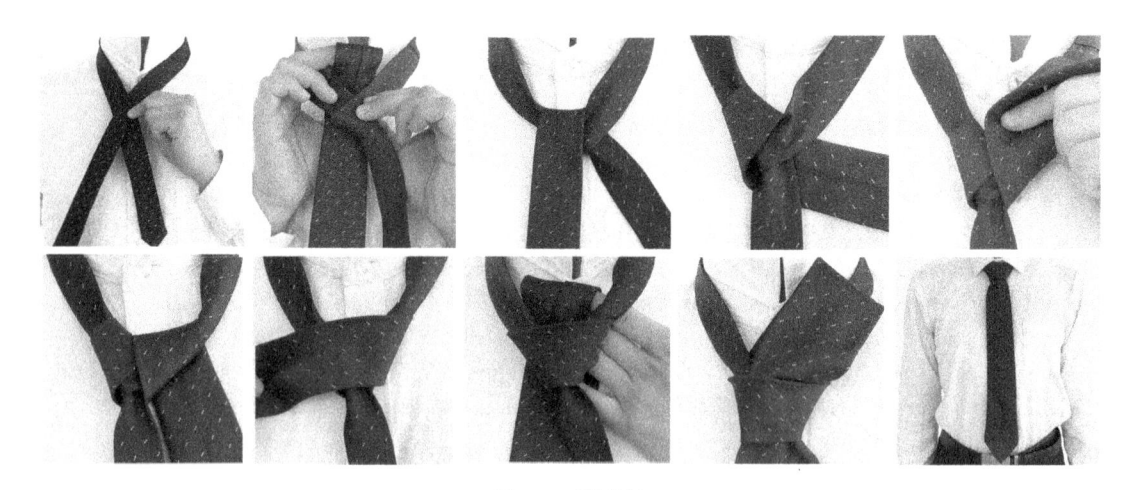

图 3-9　温莎结

二、男 士 礼 服

礼服也称社交服，是参加晚宴、婚礼、祭礼等郑重或隆重仪式时所穿着的服饰。男士礼服分为中式礼服和西式礼服等。中式礼服主要是中山装。西式礼服的种类有燕尾服、晨礼服、平口式礼服、西装礼服、韩版礼服等。

（一）中式男礼服

中山装（Chinese tunic suit）是以中国革命先驱者孙中山先生的名字命名的一种服装。中山装是在广泛吸收欧美服饰的基础上，综合了日式学生服装（诘襟服）与中式服装的特点，设计出的一种直翻领有袋盖的四贴袋服装。20 世纪 60～70 年代间，中国成年男性大多穿着中山装或军便服。

20 世纪 80 年代以后，随着改革开放的深入，西装和其他时装逐渐开始流行。虽然中山装在民间逐渐被人们遗忘，但值得一提的是中国国家领导人在出席国内外重大活动时，有时也穿着中山装。

（二）西式男礼服

1. 燕尾服　是正式礼服的一种，多在 18：00 以后穿着。后摆拉长，可显现出修长的双腿，并有收缩腰身的效果。燕尾服除了要配上马甲以外，也可以搭配胸巾和领结，以增加正式感和华丽感。

2. 晨礼服　又称为英国绅士礼服，是三种礼服（燕尾服、晨礼服和平口式礼服）中最为正式的一种，特色是外套剪裁为优雅的流线形，充满了贵族感，因此，较适合有书卷气或整体气质不错的男士穿着，晨礼服的正式穿法为外套、衬衣、长裤，搭配马甲和领结。

3. 平口式礼服　又称王子式礼服，有单排扣和双排扣之分，它不及燕尾服和晨礼服那样正式，可用于宴会派对或婚宴派对上穿着，平口式礼服的特点是裁剪设计类似于西装，适合较为瘦高的男士穿着，平口式礼服的正式穿法是外套、衬衣、长裤，搭配领结和腰封。

4. 西装礼服　是一种现代的改良礼服。普通西装并不能应用于正式而隆重的场合，尤其是在自己的婚礼上，穿礼服才够隆重。如果将西装的戗驳领用缎面制成，再配领结和腰封（或者马甲），并选择胸前打褶皱的礼服衬衣，也可以出席隆重场合。西装礼服的正式穿法为外套、衬衣、长裤，搭配腰封（或马甲）和领结。

5. 韩版礼服　是专为亚洲人所设计的一种礼服,因亚洲人比欧洲人体型瘦小,因此韩版礼服在胸、腰、袖、裤上做了一点收身。韩版礼服的正式穿法为外套、衬衣、长裤、马甲、领结。

知识拓展　　　　　　　西式礼服的选择

1. 西装和礼服的区别　由于西装与礼服都是来自于西方国家,对于不太习惯的东方人,很容易将两者混淆。一般而言,礼服比西装更正式,西方男性在出席正式的宴会时,最好穿着礼服。至于西装,则是一种城市装,比较轻便,一般的商务会议或是饭局可以穿着西装。因此,在婚礼、婚宴或是结婚仪式上,穿着正式的礼服是公认的礼仪。有些新郎会以西装来代替礼服,这样并不符合礼仪规范,而且与新娘华丽的白纱礼服也不相搭配。

2. 衬衣的搭配　正式的礼服衬衣胸前有褶皱设计,领子为倒三角的款式。马甲和腰封选择其一,即穿马甲就不戴腰封,戴腰封就不穿马甲。

3. 礼服的选择　男士礼服要注意下列几点。

(1) 身材高大型:此型男士适合穿任何式样的礼服,尤其以双排扣和燕尾服最为出众。

(2) 身材矮小型:最适合简单款式的礼服,如单襟礼服,尽量避免燕尾服、双排扣或双开襟的礼服,因为这些礼服的比例会让腿看起来更短。

(3) 身材清瘦型:建议穿着剪裁有些圆身,能够遮掩瘦削身型的礼服。

(4) 身材肥胖型:可以选用能广纳各种体型的平口礼服,但应避开较圆的新月领,而西装领和有棱角的剑领则比较适合丰润的脸型。礼服颜色尽量选择深色系,避免浅色燕尾服及双开襟的礼服。

(5) 成熟型:新月领形状像两片月眉,因为它的圆顺感,成为年轻人偏爱的外套领型;带有些霸气的剑领和保守的西装领,是年纪稍大者喜爱选择的款式。

(6) 啤酒肚型:适合款式简单、深色的单襟礼服,这种款式在视觉上可把身形稍微拉长。切忌穿双排扣、燕尾服,因为这种类型礼服的目光焦点很容易放在肚子的位置。

购买礼服时,一定要注意两点:一看做工,做工主要检查线迹、手工和夹面,一定要注意查看礼服口袋两条开线条是否一致,上袖处有无褶皱。二看质感与颜色,礼服不同于西装,需要一定的光泽度,比西装更需要笔挺,在颜色上,最稳重的颜色多为藏青或是灰黑色。

皮鞋的款式,应选择漆皮尖头系带的款式,这种款式属于正式的礼鞋。

三、男士便装

休闲场合,男士便装的选择没有西装和礼服那么严格,选择的原则是轻松、随意和舒适。常见男士便装有夹克衫、冲锋衣、T恤衫、牛仔服、运动装、衬衣配西裤等,其选择可以根据不同的场合而定。男士在不穿西装上衣,只穿衬衣和西裤时,可以不打领带,此时衬衣的第一颗纽扣要松开,这样显得比较自然。

四、手表的选择

手表是男士最经典的佩饰,俗话说:"男士看表,女士看包"。手表对现代男士来说,不仅仅是时间的象征,更以它优雅的款式、大气的线条衬托出男性独特的魅力,在举手间不经意地流露出男士的优雅。

依据价格不同,手表可分为豪华表、高档表、中档表、低档表等四类。选择手表时,首先要量力而行,同时要顾及个人的职业、出现的场合、交往的对象及佩戴者的服饰等一系列相关因素。

正式场合,手表不论是指针式、跳字式还是报时式,都应当精确到分,能精确到秒更好,只能精确到时的手表,不符合职场要求。

第4节 女士着装礼仪

服装可以彰显女性的气质、性格、爱好、价值取向和教养等，因此着装是女性最好的通行证。女性服装分为职业正装、礼服及休闲装。职业正装适合于政务和商务场合，一般是西式套裙；礼服适合于正式的社交场合，可搭配适当的首饰和妆容；休闲服则是日常生活和休闲场所的服装。

一、女士职业正装

女士职业正装为西服套裙（裤）（图3-10）或其他职业装（图3-11、图3-12）。

1. 西装要求　单色面料（尽量选用高档面料），上衣与裙子要同一质地、同一色彩；常见的颜色有藏蓝色、黑色、宝石蓝色、灰色及紫红色等，上衣要平整贴身，长短适宜。

2. 裙装要求　政商界正式场合裙装以窄裙（又称一步裙）为主，长度在膝盖上下3厘米。天气冷时，可以配长裙或长裤。

3. 衬衣要求　以素色为主，白色是最基本的颜色。领型有方领、尖领和圆领。衬衣要扎入裙腰。

4. 鞋袜要求　女士正式场合如果选择了藏青色或黑色西装，则以搭配肉色或茶色长筒袜和黑色船形皮鞋（4厘米鞋跟）为宜。

图3-10　女士职业套裙　　　图3-11　护士职业装　　　图3-12　空乘人员职业装

5. 女士裙装最不应出现的几个错误如下：
（1）绝对不能穿黑色皮裙，这是国际社会不成文法的惯例。
（2）正规场合不能光腿，应穿丝袜。
（3）不要穿残破的袜子。
（4）不要穿露后跟的鞋。
（5）杜绝"三节腿"，即杜绝在裙子和袜子之间露出一节腿；长筒袜的上端应被裙子盖住。宜短裙配穿长袜，长裙配穿短袜。
（6）袜子的质地、颜色要与裙子、鞋的颜色相配。最好穿肉色、茶色或黑色袜子。

6. 女士职场着装的"六不能"　不能过分杂乱；不能过分短小；不能过分鲜艳；不能过分暴露；不能穿透视装；不能过分紧身。

二、女士礼服

在正式的社交场合，女士要穿礼服或民族服装。女士礼服有中式和西式之分。

（一）中式女礼服

最常见的中式女礼服为旗袍，旗袍是中华民族服装的典型代表。1984年，旗袍被国务院指定为女性外交人员礼服。从1990年北京亚运会起，举行的历次奥运会、亚运会及国际会议、博览会多选择旗袍作为礼服。2011年5月23日，旗袍手工制作工艺成为国务院批准公布的第三批国家级非物质文化遗产之一。2014年11月，在北京举行的第22届亚洲太平洋经济合作组织（APEC）会议上，中国政府选择旗袍作为与会各国领导人夫人的统一服装。

在一些涉外场合穿旗袍不仅可以彰显东方女性的庄重、秀美、典雅、娴静和婉约之美，更重要的是可以代表民族特色。作为礼服的旗袍最好是单一颜色，一般常在绸缎面料上刺绣或饰物。紧扣的高领、贴身、衣长过膝、两旁开衩、斜式开襟，这些都是旗袍的特点。在正式场合穿着的旗袍，开衩不宜太高，以到膝关节上方1～2寸为宜，旗袍的长度最好至脚面。穿旗袍应配以高跟或半高跟皮鞋，或搭配高级面料、制作考究的布鞋或绣花鞋。

要根据个人的体型来选择旗袍的款式。脖子细长的女士以立领为美。脖子粗而短的女士，应选择无领型的旗袍，如果领型开得略为深一些，则可以对圆而胖的脸型起到拉长的作用，又可以于端庄之中表现出几分浪漫的气息（图3-13、图3-14）。

图3-13　旗袍正面　　　　图3-14　旗袍侧面

（二）西式女礼服

西式女礼服，分为常礼服、小礼服、大礼服等。

1. 常礼服　也称晨礼服，主要在白天穿着，通常由质料、颜色相同的上衣和裙子搭配而成，也可以是单件连衣裙。一般以长袖居多，为避免领口开得过大或臂膀过于裸露，可佩戴手套和帽子。常礼服适用于游园会、会见、引见、拜谒、结婚典礼、正式访问、午宴及欢迎外宾所举行的仪式等场合。

2. 小礼服　也称小晚礼服，为长至脚面而不拖地的露背式单色连衣裙，其衣袖可长可短，着装者可根据衣袖的长短选配长短适当的手套，通常不戴帽子或面纱。小礼服适合于参加18:00以后举行的宴会、音乐会或观看歌舞剧时穿着。

3. 大礼服　也称大晚礼服，为适当露肩背的、单色的、拖地或不拖地的、无袖的连衣裙，并佩戴相同颜色的帽子和长纱手套，以及各种饰物。近几年来，其款式、用料及颜色等正向着自由化发展。大礼服是一种最正式的礼服，主要适用于在晚间举行的较为正式的各种活动，如官方举行的正式宴会、酒会、观看首场演出、大型正式的交际舞会等。

三、女士便装

在工作和社交之余的休闲场合，女士可以着便装或休闲装。

女士便装的选择范围比较宽泛。便装由衬衫、针织衫、特色的外套、长裤、筒裙、A字裙、连衣裙、便鞋、凉鞋及不同款式的手包及其他饰物等组成，如果将这些单品进行适当的搭配，可以彰显出女性不同的风格。

衬衫搭配长裤能够展现出女士知性的味道和清爽利落的形象；衬衫搭配直筒裙或A字裙能够展现出女士特有的干练气质；针织衫搭配长裤能够展现女士柔美和端庄素雅的气质；针织衫搭配直筒裙或A字裙能够彰显女士的优雅气质；连衣裙既可单独穿着，也可与外套搭配，使女装更有特色。

四、女士配饰

1. 皮包　是女性的第二张名片，可以彰显出女性的气质、爱好和性格。职场中，皮包以单肩方形包为佳，颜色、款式和面料要与佩戴者服装的颜色、款式、面料及佩戴者的体型和年龄相协调。

2. 首饰　佩戴首饰的基本要求是简洁、大方、高雅，同质同色，符合习俗，宜少宜精，同时佩戴不超过三种。色彩和款式要与佩戴者的肤色、年龄、脸型和体型相协调。一般可以是单一品种戒指，或者是将戒指与项链、戒指与胸针、戒指与耳钉两两组合在一起使用。

职场和社交场合，不戴首饰不为失礼。职场首饰讲究"三不戴"原则：有碍于工作的首饰不戴；炫耀自己财力的首饰不戴；突出个人性别的首饰不戴。

下面主要介绍戒指、项链和耳饰。

（1）戒指：是一种男女皆宜的饰品。在工作场合只允许佩戴结婚或订婚戒指，但是某些特定的工作场合，为了方便工作，规定不允许佩戴戒指。

戒指的材料有多种（金属、木、骨或宝石等）。按照风俗，结婚戒指不能用合金制造，必须用纯金、铂金或白银制成，表示爱情的纯洁性。

按照习俗，戒指戴在不同手指上的含义不同，佩戴者要了解其含义，以免闹出笑话。戒指戴在无名指上，表示已结婚或订婚；戴在中指上，表示已有意中人，正在恋爱；戴在食指上，表示未婚、求婚；戴在小指上，表示已离婚或独身主义；大拇指上一般不戴戒指。

（2）项链：是女性最爱的饰品之一，尤其是在社交场合，佩戴一条适合自己的项链，会给人增色不少。项链的质地不同，表现出的效果也不同，珍珠项链代表着高贵和典雅，金银项链显得厚重和富贵，钻石项链给人以雍容华贵的感觉，骨质项链则表现出复古和典雅，木质项链代表简单和朴素。

佩戴项链时要注意扬长避短。偏矮且圆脸的人宜选择长项链，这样在视觉上可以得到改善；瘦高且长颈的人，一般不受项链形状的限制，若过于瘦长，也可以选择较短粗的项链使视觉上得到改善。

佩戴项链也要和服装相呼应。身着柔软、飘逸的丝绸服装时，宜佩戴精致、细小的项链，可以显得妩媚动人。身穿素色或单色服装时，佩戴色泽鲜明的项链，在项链的点缀下，整体上可显得活跃、丰富。

项链与衣领搭配也有一定的技巧。圆领和一字领的衣服可以搭配一条稍长的项链，让项链吊坠垂在衣领的下面，增加活泼感。小翻领或V字领适合佩戴比较时尚、现代的项链，吊坠垂于脖颈和领口中间的位置，使项链显得格外醒目。穿高领时，可以在领子的外面加上圆形的珍珠项链，显得高贵典雅，线条协调。

温馨提示：某些特殊岗位，女性不允许佩戴项链，要遵守规定。

（3）耳饰：有耳钉、耳环和耳坠之分，在公务场合，一般女性只允许佩戴耳钉。在社交场合，耳环和耳坠更能彰显出女性的妩媚和优雅。

佩戴耳饰要注意耳饰与脸型、体型、肤色、服装的协调，以达到最好的效果。

耳饰的佩戴与脸型的协调。方形脸的人适宜佩戴圆形、长圆形的耳环或耳坠，这样可以缓冲脸型的棱角；圆形脸的人适合佩戴稍长的耳坠或叶片形的耳坠，能有一种修长感，使人显得秀气；瘦长形脸的人戴上纽扣形耳环可使脸部显得宽一点；椭圆形脸或鹅蛋形脸的人可随心所欲地戴任何形状的耳饰。

耳饰的颜色与肤色的协调。皮肤白皙的女性适合戴红色、深紫色、咖啡色或翡翠绿色的耳饰。肤色偏暗的女性适合佩戴颜色浅淡、明快一些的耳饰，如乳白色、奶油色、淡绿色或浅紫色的耳饰。肤色较黄的女性以佩戴各种银耳饰、铂金耳饰较好。金色和珍珠色泽的耳饰适合于各种肤色。

另外，耳饰的佩戴还要和场合、年龄等相适应。

3. 丝巾　某些特定岗位，丝巾可作为工作装的一部分。例如，银行职员、空中女乘务人员、高铁和动车女乘务人员等的工作装往往有丝巾搭配。

商务和政务场合，着装以稳重色为主色调，若搭配一条多彩的丝巾则可以给女士平添几分活泼的气质，营造轻松的氛围。装扮高手总是能利用丝巾起到画龙点睛的作用，打造出自己独特的女性特质。

丝巾的选择，配色是关键。商务、政务场合，穿着套装的颜色一般是纯色，并且全身不超过三种色系，此时可以挑选色彩较丰富的丝巾，丝巾里要有一种颜色与外套或衬衫的颜色一致，搭配起来才显得协调。社交场合，服装的穿戴要比商务和政务场合轻松和时尚，丝巾的颜色要注重对服装颜色的衬托，一般选用服装的对比色，即采用冷色与暖色、深色与浅色的搭配。丝巾的面料有多种，如真丝、羊毛、棉织、混纺等，选择时应考虑个人的爱好、肤色、年龄及服装的面料等。

小　　结

本章主要介绍了仪表礼仪中色彩对视觉的冲击作用、职场着装原则（国际通用的TPO原则和符合常规的原则）、男士着装礼仪（男士职业正装、休闲装、礼服）、女士着装礼仪（女士职业正装、休闲装、礼服）和女性配饰的选择和佩戴原则。

思　考　题

1. 怎样运用着装的TPO原则？
2. 什么是男士正装的三个三原则？男士穿西装应该注意什么礼仪？
3. 女士套装应如何搭配？女士的配饰选择有何原则和礼仪？

第 4 章 仪 态 礼 仪

案例 4-1

某公司招聘文秘人员,由于待遇优厚,应聘者如云。本科中文专业毕业生小马应聘简历十分突出:在著名杂志上发表过数篇论文,为几家公司策划过大型活动等。小马身材高挑,五官秀丽,能说一口流利的英语。应聘时,小马身着迷你裙,走着模特步,未经允许便坐到了面试官面前的椅子上,跷起了二郎腿,舞首弄姿,笑眯眯地等待面试官的询问,熟料,面试官们相互交换了一下眼色,主考官说:"小马同学,请你回去等通知吧!"小马喜形于色,扭动着腰身离开了。

想一想: 1. 小马同学最终能被录取吗?
2. 导致小马同学应聘成功或失败的原因是什么?

案例点评: 心理学家研究表明,在"首因效应"里,除了55%的仪容仪表之外,38%的仪态是给对方形成第一印象的重要因素。小马的应聘失败源自于她的仪态不符合礼仪规范。

优美的仪态在商务、政务和社交活动中,代表着个人和单位的形象、文化和实力,可以给交往对象留下美好的印象,增加顾客对公司(单位)或个人整体实力的信任度,从而可以在众多实力相近或相同的公司(单位)中脱颖而出,有助于商务合同或协议的顺利达成。

仪态是指人的姿态和风度。姿态主要是指人的站姿、坐姿、蹲姿、走姿、行礼、弓身、就座、手势等。风度是人内在气质的外化。

第1节 站姿礼仪

在各类场合,优美、得体的站姿可以体现出一个人的精神风貌和良好的修养。

各类礼仪对男士和女士站姿的基本要求:一正、二平、三挺、四收,即头正、视线平、肩平、挺胸、挺颈、挺腰、收下颌、收腹、收臀、收腿。站姿的训练可采用九点靠墙训练法和顶书训练法(详见本节"课后训练"模块)。

一、女士站姿

职场女士优美的站姿,可以表现其特有的职业素养,增加可信赖度。社交场合女士优美的站姿,可以彰显女性特有的魅力。

(一)站姿要求

在一正、二平、三挺、四收的基础上,双腿并拢,脚呈V字步或丁字步,面带微笑。

(二)女士的三种站姿

在商务、政务和社交活动中,站姿主要分为庄严式、迎宾式和交谈式三种。

1. **庄严式站姿** 在站姿基本要求基础上,双手自然放于双腿两侧,中指贴裤线。这种站姿主要用于比较庄严的场合,如奏国歌、升国旗或葬礼等仪式上(图4-1)。

2. **迎宾式站姿** 右手在上、双手交叉相握放于脐部(脐式)。这种站姿适合于商务、政务活动迎宾仪式中的迎宾人员的站立,如会议迎宾、接待迎宾、酒店迎宾、空姐迎接乘客、护士站的护士迎接病人或病人家属咨询时的站姿等(图4-2)。

3. **交谈式站姿** 双手交叉相握,右手在上自然垂放于腹部(腹式),此种站姿较为轻松自然,一般适用于商务、政务、服务和社交场合双方站立交谈时采用(图4-3、图4-4)。

图 4-1　女士　　　图 4-2　女士迎宾式　　图 4-3　女士交谈式　　图 4-4　女士交谈式
　　　庄严式站姿　　　　　（脐式）站姿　　　　（腹式）站姿（1）　　（腹式）站姿（2）

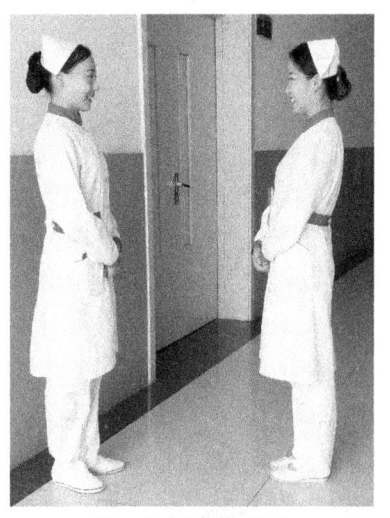

二、男士站姿

（一）基本要求

在一正、二平、三挺、四收的基础上，面带微笑。

（二）男士的三种站姿

1. 庄严式站姿　两腿并拢，双手自然放于双腿两侧，中指贴裤线。男士庄严式站姿的应用场合同女士庄严式站姿的应用场合（图 4-5）。

2. 迎宾式站姿　两脚自然分开与肩同宽，两手相握放于背后（形同军队跨列式）。这种站姿适合于迎宾仪式中的迎宾人员（图 4-6）。

3. 交谈式站姿　两脚自然分开与肩同宽，右手握住左手手腕部，自然下垂放于小腹部。这种站姿适合于一般的商务、政务交谈和社交谈话时的站立（图 4-7）。

图 4-5　男士庄严式站姿　　　图 4-6　男士迎宾式站姿 　　　图 4-7　男士交谈式站姿

课后训练　　　　　　　站姿的训练方法

1．九点靠墙训练法　①后脑勺、双肩、双臀、双腿肚、双脚后跟紧贴墙壁；②头正、肩平、视线平、挺胸、挺颈、挺腰、收下颌、收腹、收臀、收腿，面带微笑。

2．顶书训练法　头部顶书，挺胸、挺颈、挺腰、收下颌、收腹、收臀、收腿，掌握平衡不让书掉下来。

第2节　坐姿礼仪

在商务政务会见、会谈或一般性的社交座谈时，拥有优雅的坐姿，对于男士和女士在职场和社交场合的形象展现尤为重要。

一、男女坐姿的基本要求

1．与他人一起就座时，出于礼貌，应首先请对方入座，自己再入座，或请对方与自己一同入座，不要自己抢先入座。

2．从座椅左侧轻轻迈步到座椅的前方，右腿后撤一点，感知一下座椅的位置，整理衣裙，轻轻坐下，坐满椅子的2/3，后背不靠椅背，胸部挺起，两肩放松，脖子挺直，下颌微收，身体微向前倾，面带微笑（图4-8）。

3．离座时，要缓缓起身，采用基本站姿站稳后，从左侧离开。

图4-8　坐满椅子的2/3

二、女士坐姿

在正式商务、政务或社交活动中，女士的基本坐姿主要有以下几种：

（一）自然式（正坐）坐姿

双脚、双腿并拢，自然放于正前方，双脚微微向身体方向收回，两手相握自然放在两腿中间或放于一侧腿上。这是一种最基本、最常用的坐姿，适合于各种场合（图4-9）。

（二）前后式坐姿

在自然式坐姿的基础上，将一只脚向身体前方微伸，双脚形成前后式。当自然式坐姿坐累了，可采用前后式坐姿放松一下（图4-10）。

（三）斜（左或右）放式坐姿

在自然式坐姿的基础上，左脚向左跨半步，左膝盖向右倾斜，右脚立刻向左跟半步，双脚、双腿并拢，两手相握自然放于两腿中间或放于一侧腿上，形成左斜式坐姿。右斜式坐姿与其方向相反。两种坐姿可以交替使用，以减轻用力（图4-11）。

（四）斜（左或右）挂式坐姿

在自然式坐姿基础上，左腿向左跨半步，左膝盖向右倾斜，右腿斜挂于左腿内侧，两手相握自然放于两腿中间或放于一侧腿上，形成左挂式坐姿。右挂式坐姿与其方向相反。两种坐姿可以交替使用，以减轻用力（图4-12）。

（五）斜（左或右）搭式坐姿

在自然式坐姿基础上，左腿向左跨半步，左膝盖向右倾斜，右腿搭在左腿上，两腿并合，两手相握自然放于两腿中间或放于一侧腿上，形成左斜搭式坐姿。右斜搭式坐姿与其方向相反。两种坐姿可以交替使用，以减轻用力（图4-13）。

图 4-9　女士自然式坐姿　　图 4-10　女士前后式坐姿　　图 4-11　女士斜放式坐姿

图 4-12　女士斜挂式坐姿　　图 4-13　女士左（右）斜搭式坐姿

三、男士坐姿

在正式商务、政务或社交活动中，男士的基本坐姿主要有以下几种：

（一）标准式坐姿

两脚分开、不超肩宽，两脚平行并与地面垂直，两手自然分放于双膝上（图 4-14）。

（二）重叠式坐姿

左腿搭右腿或右腿搭左腿，注意两腿的膝盖处要重叠，否则会变成二郎腿（图 4-15）。

（三）前后式坐姿

在标准坐姿的基础上，右脚或左脚微微前伸，形成前后式（参照女士前后式坐姿）。

课堂互动

请 4 位男女同学上台，分别进行男女坐姿的训练。

图 4-14　男士标准式坐姿　　图 4-15　男士重叠式坐姿

第 3 节　蹲姿礼仪

在商务、政务和社交活动中，良好的蹲姿可以体现个人修养。而不雅的蹲姿暴露的不仅是个人素养的缺陷，更重要的是暴露出你所代表的单位在员工礼仪素养方面培训的不足。

一、女士蹲姿

女士蹲姿主要有交叉式、高低式、半蹲式和半跪式四种。下面主要介绍交叉式和高低式蹲姿。

（一）交叉式蹲姿

用途：集体合影时，或多人参观时，为了不挡住后排人员，前排需要下蹲的女士可采用交叉式蹲姿。

要领：左腿由后面伸向右腿右侧，双腿交叉，稳稳蹲下，右脚着地，左脚跟抬起，左脚掌着地，臀部向下，上身微微前倾，双手相叠放在上面一只腿上，并压住裙边（图 4-16）。

（二）高低式蹲姿

用途：①捡起地上的东西；②给坐在沙发上的人递文件或茶水；③集体合影前排女士需要下蹲时；④与小朋友交谈时。

要领：下蹲时左脚在前，全脚着地；右脚在后，脚掌着地，脚后跟抬起；右膝低于左膝，两腿并拢，臀部向下，身体基本由右腿支撑。左右脚可以交换。若穿裙装，下蹲后，一手应压住裙边，保

图 4-16　女士交叉式蹲姿

护隐私（图 4-17）。

注意：女士无论采用哪一种蹲姿，下蹲时都要求迅速、美观、大方。且应将两腿靠紧，臀部向下，脊背挺直，手压住裙边，保护隐私。不可以突然下蹲而失去重心。

二、男士蹲姿

基本要求：稳稳下蹲，掌握好重心，避免滑倒，下蹲后，上身要挺直。

要领：男士蹲姿一般采用高低式，与女士的高低式蹲姿基本相同。不同的是，双腿可以适当分开，双手要分别放于两条腿上（图4-18）。

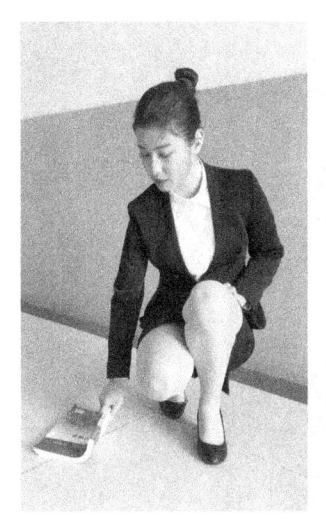

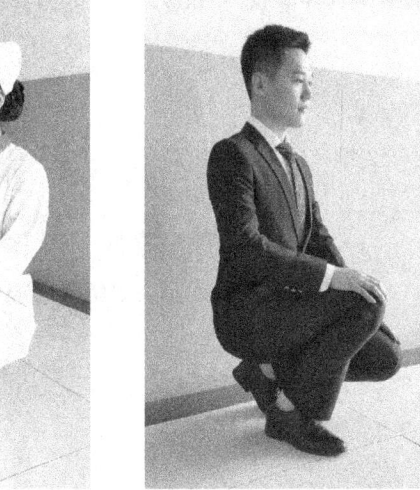

图4-17　女士高低式蹲姿　　　　　　　　图4-18　男士高低式蹲姿

三、男女不雅的蹲姿

1. 弯腰捡拾物品时，两腿叉开，臀部向后撅起，是不雅观的姿态。
2. 两腿展开平行下蹲，其姿态也不优雅。

课堂互动

请4位男女同学上台，分别进行男女蹲姿的训练。

第4节　行姿礼仪

行姿是站姿的延续，是一种动态的美。在日常生活、商务政务活动和社交活动中，行姿最能表现一个人的精神面貌、青春活力及良好的修养。

一、女士行姿

基本要求：自然、庄重、文雅、轻盈、有节奏感，两脚内侧着地的轨迹应在一条直线上。

行走时，上身和双肩保持平稳，挺胸收腹，目光平视前方，下颌微收，面带微笑；手臂自然下垂，以肩关节为轴，前后自然摆动，前后摆幅不宜过大；大腿带动小腿向前迈步，步幅不要太大（通常为1~1.5个鞋长），脚跟先触地，再将身体重心落到前脚掌上，前脚落地和后脚离地时，膝盖须伸直，两脚内侧着地的轨迹应在一条直线上，速度要均匀，每分钟以60~100步为宜（图4-19）。

二、男士行姿

基本要求：自然、稳健、大方、有节奏感，两脚内侧着地的轨迹不在一条直线上，而是在两条平行线上。

行走时，上身和双肩保持平稳，挺胸收腹，目光平视前方，下颌微收，面带微笑；手臂伸直放松，以肩关节为轴，前后自然摆动，前后摆幅不宜过大；大腿带动小腿向前迈步，步幅不要太大（通常为1~1.5个鞋长），脚跟先触地，再将身体重心落到前脚掌上，前脚落地和后脚离地时，膝盖须伸直，两脚内侧着地的轨迹不在一条直线上，而是在两条平行线上，速度要均匀，一般来说服务人员每分钟走60~100步（图4-20）。

图4-19 女士行姿　　　　图4-20 男士行姿

课堂互动

请2位男女同学上台，分别进行男女行姿的训练。

第5节 赞美、引导、挥手和鞠躬礼仪

在各类职场和社交活动中，正确地运用手姿（手势）和头姿不仅可以体现出一个人的修养和风度，更重要的是可以使双方交往更加愉快和顺利。

一、手姿的运用

手姿，即手势，是运用上肢（包括手指、手掌、拳头和手臂）的动作变化表达思想情感的肢体语言。美国心理学家詹姆斯认为，在身体的各个部位中，手的表达能力仅次于脸。在人际交往中，生动形象的语言配合准确的手势，会使谈话更富有感染力和说服力。

（一）运用手势的基本原则

1. 手势是配合语言、发自内心的自然流露，应协调运用。
2. 商务、政务和社交场合，手势不宜过多，避免给人以不稳重的感觉。

（二）几种常用的手势

1. 表示友好、感谢、称赞和喝彩的手势

（1）鼓掌：表示欢迎、喝彩、友好等。为使鼓掌更加有力，正确的方法是，双手五指并拢，手心呈凹陷状，击掌时，两掌呈垂直状，放于胸前，手心交合，拍打（图4-21）。

（2）合十（或抱拳）：双手合起（或抱拳），放于胸前，表示深深的谢意、承让等（图4-22）。

（3）赞美：赞美是一剂良药，被赞美的人会感到如沐春风。赞美别人时，可伸出右手，跷起拇指（图4-23）。

2. 指引性"请"的手势　在商务、政务和社交活动中，商务人员、政府工作人员、服务人

员经常需要用"请"的手势。一个优雅的指引性手势可为您的服务增色许多。

图 4-21　鼓掌

图 4-22　合十

这类手势的基本要领：一般用右手，手心向上略向前转（与地面约呈 45°角），女士五指并拢（男士拇指自然分开），指向目标方向，上身稍向前倾，面带微笑，眼睛看着被指示的人。根据指示的目标不同，要求也不同。

（1）"里面请、这边请"：以肘关节为轴，大小臂弯曲 140°左右，手掌与地面约呈 45°角，指向目标，眼睛看着客人的眼睛（图 4-24、图 4-25）。

（2）"楼上请"：肘关节伸展的角度较大，手臂抬高指向楼梯上方，眼睛先看目标方向，然后迅速转向客人的眼睛（图 4-26）。

（3）"请坐""请注意台阶""请注意脚下"：肘关节基本伸直，手臂向下指向目标，眼睛先看目标方向，然后迅速转向客人的眼睛（图 4-27、图 4-28）。

图 4-23　赞美

课堂互动

请男女同学上台，进行各种"请"手势的练习，并配合语言练习。

3. 引领（引路）员手势　在接待来宾或组织人员进行参观等活动时，需要引领员引领大家行走的方向，此时引领员应在被引领人员的左前方约 1 米，左手五指并拢指引方向。引领员步幅应与被引领人员的步幅相协调，不应太快或太慢（图 4-29）。

图 4-24　"里面请、这边请"手势（双手）

图 4-25　"里面请、这边请"手势（单手）

图 4-26　"楼上请"手势

图 4-27 "请注意台阶"手势　　图 4-28 "请坐"手势　　图 4-29 引领员手势

课堂互动

请男女同学上台，进行引领员手势的练习，并配合语言练习。

4. 挥手道别　在送别客人时，要用到挥手道别的手势，一般右手大臂抬至与肩同高或略低于肩，小臂与地面约呈 90°角，五指并拢，手心向着对方，左右轻轻挥动。当客人走远时，可伸直手臂，高举过头，左右摆动的幅度也可加大（图 4-30）。

图 4-30　挥手道别手势

二、点头和鞠躬礼仪

（一）点头致意礼和挥手致意礼

在社交场合，点头致意和挥手致意是常用的礼节（以下称点头礼和挥手礼），它显示出一个人的风度、修养和礼数。

1. 点头礼和挥手礼的应用场合　点头礼和挥手礼两者应用场合基本相同，但一般不同时应用。

（1）用于相识的人之间在各种场合打招呼：如左邻右舍，早晚相见，路上行走或在公共场合与熟人相遇时，可以点头致意或挥手致意表示友好。

（2）遇到交往不深者：忘记对方姓名或只觉得对方面熟时、与交往不深的人见面时、遇到陌生人又不想主动接触时，可以点头致意或挥手致意，以表示友好和礼貌，同时又可以避免一些不必要的交往。

（3）遇到领导或长辈时：在一些公共场合遇到领导、长辈，一般不宜主动握手。合适的做法是点头致意，这样既不失礼，又可以避免尴尬。

（4）比较随意的场合：一些随意的场合，如在会前或会间的休息室、上下班的班车上、办公室的走廊里等，是不必握手致意甚至鞠躬的，只需轻轻点头致意或挥手致意。

（5）不宜说话的场合：如会议室、餐厅等场合。如会议的迟到者，就不适宜与其他与会人员握手、打招呼。与落座较远的熟人，无法握手致意，只能点头致意或挥手致意。

2. 点头礼和挥手礼的注意事项

（1）点头礼：正确姿势应该是屈颈、收颔，上身可以微微前倾，要面带微笑，看着对方的眼睛，微微地点头，这是对人的尊重。

（2）挥手礼：将右臂伸出，五指并拢，掌心朝向对方，轻轻摆一下即可。举手的高度与对方相距的远近有关，距离较近时，手指一般不超过头顶；较远时，可伸直手臂高举过头（同挥手道别）。

（二）鞠躬礼

鞠躬礼是中国、日本、朝鲜和韩国等国的传统礼节。商场、银行、医院、酒店、列车、飞机上的服务人员向顾客行鞠躬礼；领奖、谢幕时向领导、观众行鞠躬礼；婚礼、追悼会等多种场合下的鞠躬礼。

鞠躬礼的要点：立正姿态，脱帽，女士双手下垂搭放于腹前，男士双手分别贴放于两侧裤线处，面带微笑（葬礼要严肃），以腰部为轴，头部与背部在一个平面上随上身向前倾斜。鞠躬的角度有15°、30°、45°和90°四种，分别运用于不同的场合（图4-31、图4-32）。

图4-31 不同角度的鞠躬礼

（1）15°：服务人员对客人说"您好！""再见，慢走！"等。

（2）30°：服务人员对客人说"欢迎光临！""谢谢！"或"再见，慢走！"等。

（3）45°：服务人员对客人说"非常抱歉！"或领奖时、谢幕时的鞠躬。

（4）90°：主要用于婚礼或葬礼。

一般来说，鞠躬的角度越大，表示尊重的程度越高。

温馨提示：一定要注意，喜庆场合，不能连着鞠躬三次，三鞠躬一般用于葬礼。

图4-32 空姐30°鞠躬送客礼

课堂互动

请男女同学上台，进行各种角度的鞠躬礼练习，并配合语言练习。

小 结

　　本章介绍了仪态礼仪，包括男女站姿、坐姿、蹲姿、行姿、鞠躬和各种引导性手势等。男女站姿主要介绍庄严式、迎宾式和交谈式站姿，分别用于庄严的仪式、迎宾和交谈中；男式坐姿介绍了标准（正坐）、重叠式、前后式坐姿，女士坐姿介绍了自然式、斜放式、斜搭式、斜挂式、前后式坐姿，以及不同的用途；男士蹲姿介绍了自然下蹲，女士蹲姿介绍了高低式和交叉式蹲姿，以及不同的用途；介绍了男女行姿的不同处（平行线和直线）；各种引导性手势的运用；鞠躬的角度和语言配合的不同作用等。

思 考 题

1. 说出不同的站姿、坐姿、蹲姿的不同用途。
2. 男士和女士行姿的最大不同处是什么？
3. 请说出各种"请"的手势的要点。
4. 引领员在引领客人前行时应该注意什么？
5. 谈一谈鞠躬礼的应用。

家庭礼仪篇

第5章 家庭礼仪

案例 5-1

小李工作近两年了,工作中缺乏责任心,经常抱怨同事和领导对自己不公,先后换了三家工作单位。作为月光族的他,最近打电话回家埋怨父母每月接济自己的钱太少,不够花。

想一想:小李的行为有哪些不妥之处?

案例点评:小李是成年人,有工作,应该自强自立,伸手向家里要钱的行为违背了中华民族的"孝道"。

第1节 家庭礼仪的含义

家庭礼仪是指人们在家庭生活中,用以沟通思想、交流信息、联络感情而逐渐形成的约定俗成的行为准则、礼节和仪式的总称。

家庭是社会的细胞,是提供人们社会生活最基本的条件和环境的场所。家庭礼仪是促进家庭和谐幸福、形成良好家庭氛围的重要前提。良好的家庭氛围可以使家庭成员心情愉悦,有利于形成健康、进取和积极的生活态度,对形成正确的人生观、价值观起着重要的作用,也有利于家庭成员对未来生活的选择更加趋于合理和科学。在社会工作中,如果人们都能拥有良好的人生观和价值观,必然能形成积极向上的社会风气,也必然能促进社会的文明进步,最终实现社会的安定和谐。

儒家提倡修身齐家治国平天下,说的是具有治国平天下远大理想的人,首先需要修养品性;品性修养好了,才能管理好家庭、家族;家庭管理好了,才能治理好国家;治理好国家后天下才能太平。儒家历来用家庭中人际关系模式来处理社会上的各种关系,由此可见家庭礼仪在个人成长过程中的重要性。学习并践行家庭相关礼仪规范,家庭成员间做到平等相处、尊老爱幼、相互尊重、相互理解,是促进家庭和谐关系的根基,正所谓家和万事兴(图5-1)。

家庭礼仪主要包括家庭称谓礼仪、家庭成员相处礼仪、家庭交往礼仪和节日礼仪四个方面。

图 5-1 家和万事兴

第2节 家庭称谓礼仪

家庭称谓是指家庭成员之间、亲戚之间，形成的传统的亲族传承关系，根据辈分沿袭而固定的各种称谓（图5-2）。

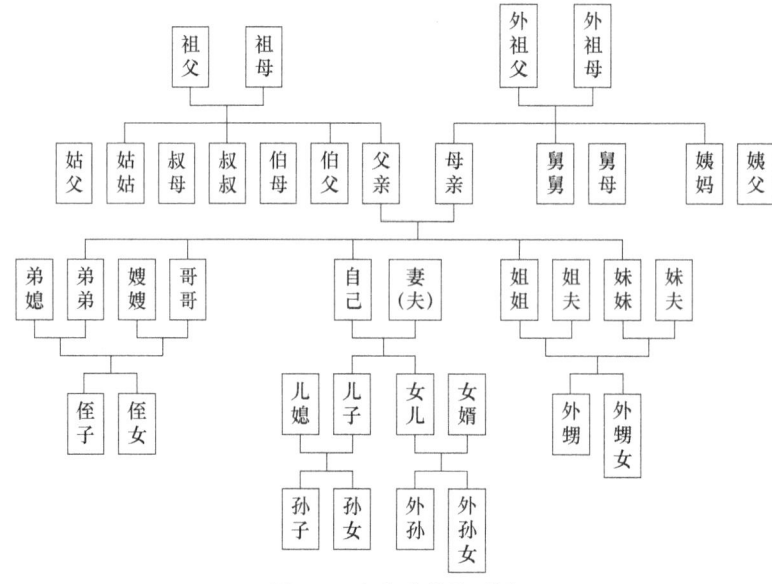

图 5-2 家庭成员关系图

一、常规称谓

家庭称谓分为口头称谓和书面称谓两类，口头称谓与书面称谓有相同之处，也有不同之处，而且在家庭成员相互之间的当面称谓与向外人提及自己家庭成员时的称谓也不尽相同。口头称谓和书面称谓虽有不同，但其本质的辈分却是一致的，内涵是完全一样的。生活中常规称谓见表5-1。

表 5-1 常规称谓

亲属关系	口头称谓	书面称谓
父亲	爸爸、爹、大大	父亲、家父
母亲	妈妈、娘	母亲、家母
祖父	爷爷	祖父、爷爷
祖母	奶奶	祖母、奶奶
外祖父	姥爷、外公	姥爷、外公、外祖父
外祖母	姥姥、姥娘、外婆	姥姥、外婆、外祖母
母亲的姊妹	姨妈、姨母	姨母
姨妈的丈夫	姨父、姨爸	姨父
母亲的兄弟	舅、舅父	舅父
舅父的妻子	舅妈、舅母、妗妈、妗子	舅母
父亲的哥哥	伯父、大爷	伯父
伯父的妻子	伯母、大妈、大娘	伯母
父亲的弟弟	叔叔、叔父	叔父

续表

亲属关系	口头称谓	书面称谓
叔父的妻子	叔母、婶娘、婶婶	叔母
父亲的姊妹	姑妈、姑母	姑母
姑母的丈夫	姑爸、姑父	姑父
姐姐	姐姐、大姐	姐姐、姊亲
姐夫	姐夫、哥	姐夫、姊兄
妹妹	妹妹、小妹	妹妹、妹亲
妹夫	妹弟、妹夫	妹夫、妹弟
哥哥	哥哥、大哥	哥哥、兄亲
嫂子	兄嫂姐、嫂子	嫂子、兄姊
弟弟	弟弟、小弟	弟弟、弟亲
弟媳	弟妹、弟媳、弟妇	弟媳、弟妹
丈夫	当家的、孩他爹、他爸	丈夫
妻子	老婆、妻子、夫人、家里的、孩他妈	妻子、夫人
丈夫的父亲	爸爸、爸	公公
丈夫的母亲	妈妈、妈	婆婆
丈夫的姐姐	姐姐、姐	大姑姐
丈夫的妹妹	妹妹、小妹	小姑子
丈夫的哥哥	哥哥、哥	大伯子
丈夫的弟弟	弟弟、小弟	小叔子
妻子的父亲	爸爸、爸、爹	岳父
妻子的母亲	妈妈、妈、娘	岳母
姐妹的子女	外甥、外甥女	外甥、外甥女
兄弟的子女	侄子、侄女	侄子、侄女

二、特殊尊称

在与亲属的称呼中，有时为了表达尊敬之意，可以根据不同情况采用谦称或敬称。敬称是尊人，谦称是抑己，也是为了表示对别人的尊重。

1. 一般对本人亲属可采用谦称　谦称自己的亲属，对辈分、年龄高于自己的亲属，称呼的时候可在其称呼前加"家"字，如"家父"、"家母"、"家叔"等；对辈分、年龄低于自己的亲属，称呼的时候则可在其称呼前加"舍"字，如"舍弟"、"舍侄"；在他人面前对自己的子女称呼时，可以在其称呼前加"小"字，如"小女"、"小儿"等。对待比自己辈分低或年纪小的亲属，也可直呼其名，或使用其爱称、小名，或在其名字前加上"小"字。

2. 对他人的亲属应采用敬称　对他人的父母，可称"尊父"、"尊母"或"令尊"、"令堂"；对他人的兄妹可称"贤兄"、"贤妹"；对他人的儿女可称"令郎"（或贤侄）、"令爱"等。

三、不合礼仪的称呼

在家中，虽然没有必要像在外边那样注重礼节，成员之间的称呼可以随便一些。但是，也不能不注意基本的礼节，有一些称呼是不合乎礼仪规范的，需要特别注意。

1. 不敬的称呼　有的子女由于父母娇惯,不称呼自己的父母为"爸爸、妈妈",常称呼父母为"老爷子、老头子、老太太、老太婆",甚至直呼父母的姓名,既对长辈不尊重,也显得自己的修养比较差。

有的年轻夫妻不称呼公婆或岳父母为"爸爸、妈妈",而称呼"你爸、你妈"。这种称呼不讲究长幼尊卑,不尊重长辈,容易影响家庭成员间的感情。

2. 爱称要适度　家庭称呼既要讲究文明礼貌,又不要把家庭成员之间的关系同志化、朋友化。家庭成员间通常称呼爱称或戏称,体现出成员之间亲密无间的关系。例如,"老王、一把手、小宝"等,充满着亲切感,增进家庭成员之间的感情,体现出家的温暖、融洽。

但是,爱称要适度,不能贬低对方,切勿拿对方的缺陷当爱称,爱称也需注意场合,不能不管对方是否接受,不分场合,一律称呼爱称、戏称。

3. 不称呼　有的人性格内向,见到自己的公婆或岳父母,什么也不称呼,或简单"嘿嘿"一笑了之。这样非常容易引起老人的不满,不利于家庭的和睦。

有的夫妻之间不称呼对方的姓名,交谈时只一味地"嘿""喂""哎"称呼对方,长时间这种交流,势必容易影响夫妻感情。

4. 称呼粗俗　家庭成员相处期间难免有摩擦和矛盾,甚至会激烈争吵,双方可能会用粗俗的字词来称呼对方。这种粗俗称呼,必定使矛盾火上浇油,破坏家庭成员间的感情,造成不应有的家庭纠纷。在此类情况下,我们要避免粗俗的称呼,与对方心平气和地将问题解决。

知识拓展　　　　　古代兄弟间的称呼

古代以伯、仲、叔、季来表示兄弟间的排行顺序。伯为老大,仲为老二,叔为老三,季排行最小。父之兄称为"伯父",父之次弟称为"仲父",仲父之弟称为"叔父",最小的叔叔称为"季父"。后来经过不断变迁,将父之弟都统称为"叔父"了。

第3节　家庭成员相处礼仪

家庭礼仪是以婚姻关系为基础,以血缘关系为纽带的社会生活的组织形式。从本质来说,婚姻和家庭是统一的,婚姻是产生家庭的前提,家庭是缔结婚姻的结果。婚姻双方构成了最初的家庭,由此又使家庭关系的范围扩大,产生出父母、子女等其他家庭成员之间的关系。家庭以婚姻关系为起点,以血缘关系为纽带,它是存在于一定的范围内的亲属之间组成的天然的关系网络,是基于血缘关系而发生的,表现为同辈人或几辈人之间的思想感情的交流和传递。

家庭成员之间的关系,尤其是父母子女、兄弟姐妹之间的血缘关系,是社会关系中最稳定、最基本的关系。家庭礼仪就是为了维护和增进这种关系,对组成家庭的成员提出的行为规范和各种礼节。

家庭成员礼仪主要有子女与父母相处礼仪、父母与子女相处礼仪、夫妻相处礼仪及婆媳翁婿相处礼仪等。

一、子女与父母相处礼仪

子女与父母相处礼仪主要体现在尊重父母与孝敬父母两个方面。

（一）尊重父母

尊重父母就要听从父母的教诲,听从父母的教诲时要有一个谦恭的态度,不可以漫不经心,也不可表现出不耐烦的样子。与父母谈话时，不可随意打断父母的话，和父母沟通一定要心平气和。平时勿让父母为自己担忧，无论子女走到哪里，都牵动着父母的心。因此外出时要告知父母一声，如实说明外出及归家时间计划，以防父母挂念，回家后向父母说一句"我回来了"。凡事多与父母沟通，征求他们的意见并认真考虑。即使父母教育中有不可取的部分或过于严厉，也应体谅父母的良苦用心，不应该故意顶撞、吵闹。在与父母发生争执时，要先反思自己的想法和做法有没有不对的地方，如果是自己的问题，要向父母主动道歉，并保证改正错误。如果是父母有什么不对的地方，不要与其正面争执，待双方都冷静后再选择合适的时机与之沟通。可在事态平息后，向父母耐心解释以消除误会。切忌因父母的错怪而对父母生气，更不能因此而采取过激的行为。要多想想平时父母对自己无微不至的关怀，多想想他们往日的亲情，理解他们责骂背后的期待和沉甸甸的爱。

（二）孝敬父母

"谁言寸草心，报得三春晖"体现了孝敬父母是我们中华民族的传统美德，父母年轻时细心照顾儿女，抚养他们长大成人，作为儿女回报父母的养育之恩，是儿女应履行的义务。孝敬父母以报答他们的养育之恩是每位做儿女的天职，也是家庭礼仪中最基本的要求。孝敬父母不仅仅体现在物质生活上给予扶助和照料，在精神上更要给予父母慰藉。平时要主动问候父母，关心父母起居，牢记父母的生日，关心父母的身体状况，为父母分担家务及力所能及的事情。

工作后可能不在父母身边生活，这时更要加强与父母的交流和沟通，抽时间多打电话或"常回家看看"，不能以工作太忙为借口，出现"子欲养而亲不待"的遗憾（图5-3～图5-5）。

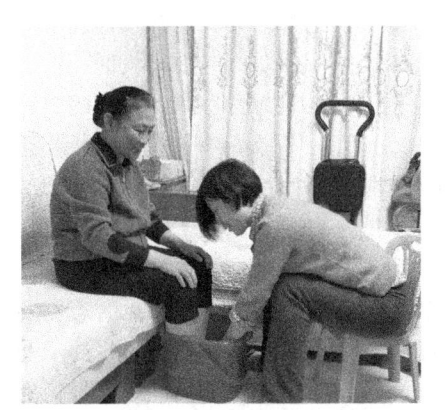

图5-3 孝敬父母（1）　　图5-4 孝敬父母（2）　　图5-5 为父母分担家务

案例5-2　　　　　　　　　亲尝汤药

汉文帝刘恒，是刘邦的第四个儿子，他以仁孝之名闻于天下。汉文帝的母亲曾卧病三年，他日夜守护在母亲的床前，等母亲睡着了，他才趴在母亲床边睡一小会儿，刘恒亲自为母亲煎药，每次煎完，自己总要先尝一尝，试试烫不烫，自己感觉差不多时，才端给母亲喝。后人为了纪念他的伟业和仁政以及他的孝道，将其列为二十四孝之一。

案例点评： 天之大，孝为先。不要总为自己学习忙、工作忙、生意忙、事情多、应酬多找借口。刘恒虽然贵为天子，每日治理国家公务繁忙，还要亲侍母亲汤药。汉文帝不愧为中华民族孝道之楷模，流芳百世！

二、父母与子女相处的礼仪

（一）爱护子女

儿女是父母生命的延续，作为父母要有一个宽容的胸怀、包容的态度，必须从理智上、感情上真正关心和爱护子女，让子女感受到生活的温暖，体会到关心和爱护。在父母与子女的沟通中，父母始终处于主导地位，而子女处于被教导的被动地位，因此，亲子间的沟通是否成功基本上取决于父母这一方。父母作为长辈要尊重儿女，与子女沟通的最佳模式是朋友模式，在这种模式下，父母与子女是感情上的朋友、平等关系，子女被认为是有责任、有行为能力、有独立主见的成人。父母将子女置于朋友地位，在对子女的教育过程中认真倾听他们的想法，采取参谋、咨询、劝告的方法，并尊重子女自己的选择，允许子女参与讨论家庭大事等，这些都能激发子女的独立意识、责任感，可以培养子女的自我判断能力和独立处理事务的能力。

（二）做子女的老师

在对子女的教育中，父母是孩子的第一任"老师"。家庭教育在整个教育中是最基本的，是整个教育的基础和起点。家庭教育又是整个教育中内容最广泛的，家庭教育不仅教会人基本的生活技能，还为人的一生塑造着个性特点，为子女指引基本的人生之路。家庭教育对学生的道德品质的形成有着巨大的影响，甚至能起决定性作用，因此我们要充分重视家庭教育。

家庭教育主要方式是"言传身教"。"言传"非常重要，但"身教"却是春风化雨，润物无声。俄国著名作家列夫·托尔斯泰说："全部教育，或者说千分之九百九十九的教育都归结到榜样上。"这就是我们常说的"身教重于言传"。作为父母要以身作则，做儿女的好榜样，这样才有利于儿女的健康成长，反之子女有样学样，容易染上不良习气。在家庭中，父母如果告诫子女时，自己也应该做到相关要求。例如，家长一边要求子女禁止吸烟，一边却经常在家里吸烟，这样的做法自然会降低子女对家长的信任，引起逆反心理。在孩子身上，任何一个优点都有父母的传承，任何一个缺点都可能是父母的影子，以无声的行为取代有声的说教，相信效果会好出几倍。因此，"用自己的行动来引导和改变孩子"极其重要，作为父母应该具有一种"要求孩子做到的，家长首先应该做到"的教育理念。

此外作为父母，在与子女相处过程中还应注意以下几点：一是在表达家庭生活意见时态度要一致，尤其是在处理与子女相关的事物上要意见一致。二是避免把子女的行为同其他家庭的子女行为加以比较，并当着子女的面发表评论。三是对待子女的过错要正确对待，不能仅仅以处罚为目的，要以纠正错误为目的，并且不要当着外人的面批评子女，以免伤其自尊心。四是注重子女的个人隐私，给子女一定的生活空间。五是对待多个子女时要一视同仁，不能有意偏爱某一个子女，更不能有重男轻女的封建思想存在。六是子女成家立业后尽量不要介入子女的夫妻矛盾中，更不宜帮着自己的子女指责对方，这样做无益于解决双方的矛盾，只会起反作用，正确的处理方法是让双方冷静下来自己解决问题。

总之，在与子女相处的过程中，作为父母应该尊重子女，树立榜样，以实际行动教育好子女。

三、同辈之间相处礼仪

家庭中的同辈，包括兄弟姐妹和其成家后夫妻双方的同辈亲戚，同辈之间的感情是否融洽，在家庭和谐中也占重要地位。要做到融洽相处，应注意以下礼仪：

（一）同辈之间要真诚相处，避免嫉妒

由于每个人的天赋不一样，在家庭生活中，父母免不了对某个兄弟姐妹的关怀可能更多一些，

我们不应嫉妒，要正确认识与其他兄弟姐妹的差距，迎头赶上。手足相残的故事莫过于三国时期的曹丕，曹操死后，曹丕继位，曹丕担心文采天赋较高的弟弟曹植威胁到自己的皇位，就费尽心思想除掉曹植。曹丕要其在七步之内作一首诗，否则就杀了他。曹植听后走了七步，稍微思考了一下，便说："煮豆燃豆萁，豆在釜中泣；本是同根生，相煎何太急。"这首诗的意思是兄弟之间本来就是一家人，何必相互残杀呢？这个故事警告人们，兄弟姐妹间要团结友爱。兄弟姐妹之间不要听不得逆耳之言，见不得逆己之事，更不要听信别人的是非之言。既然是自家的兄弟姐妹，即使有负自己的地方，也要对其宽大为怀。

（二）平辈间相处，不仅要待人宽厚，还应当彼此谦让

历史上兄弟谦让的故事莫过于孔融让梨了。孔融小时候聪明好学，才思敏捷，巧言妙答，大家都夸他是神童。一日，父亲买了一些梨子，特地拣了一个最大的梨子给孔融，孔融摇摇头，却另拣了一个最小的梨子说："我年纪最小，应该吃最小的梨，您那个梨就给哥哥吧。"父亲听后十分惊喜。兄弟姐妹相处期间，做到相互谦让，父母也会得到极大的安慰，整个家庭会更加和谐。

（三）同辈之间更要彼此爱护，同帮共扶

俗话说得好"打虎亲兄弟，上阵父子兵"，说的就是兄弟姐妹之间要同心协力。除了父母、子女以外与自己血缘关系最近的就是兄弟姐妹了，因此在家里，如果你是哥哥姐姐，那就应时时以身作则，努力成为父母的得力助手。多为父母分担家务，耐心帮助父母照顾好弟弟、妹妹，切忌对弟弟、妹妹不管不顾。弟弟、妹妹犯错时，不要在父母或他人面前斥责他们，要让父母来教育弟弟、妹妹，更不能背后在父母面前"告状"，从而引起弟弟、妹妹的反感。如果与弟弟、妹妹发生争执时，应主动反省自己的过错，向父母和弟弟、妹妹主动承认错误，承担责任。兄弟姐妹间要和和睦睦，如有意见不合可通过沟通解决，不可相互争吵，以免加深兄弟姐妹间的隔阂。如果你是弟弟、妹妹，就要尊重哥哥、姐姐，不能有"我比你小，你就应该让着我"的心理，更不能骄蛮无理，为所欲为，做什么事都不把哥哥、姐姐放在眼里，不为他人着想。

四、夫妻间相处的礼仪

夫妻是原本没有任何血缘关系的相对独立的"社会人"，通过法律程序，缔结成具有婚姻关系的爱人。夫妻关系是家庭生活的主体和核心。和谐美满的家庭生活，同样需要遵守夫妻之间的礼仪。

（一）互相尊重

相敬如宾是夫妻感情长久的前提条件，也是家庭和睦幸福的基础。夫妻之间相互尊重的前提，是将对方放在平等的位置上。不论双方的职业、社会地位、学历、家庭条件，都应尊重对方的信仰、生活习惯、民族风俗和爱好。在生活中切忌说有损对方自尊的话语，不要做出有损对方尊严的举止，更不要拿自己爱人的缺点与别人的优点相对比。

（二）夫妻之间信任为先

夫妻之间最不可缺少的是信任。每个人都有属于自己的往事，不要总是执着探寻对方的过去，关键是把握住现在和将来，过去对幸福生活没有一点儿意义。即使听到了或看到了什么，也要相信对方，给对方解释的机会，因为哪怕是耳闻目睹的事情，也可能另有隐情。另外无论是有关家庭的决策，还是个人工作上的困惑或计划，都不应一个人说了算，应与对方互相商量。家庭财务问题更要妥善处理，不能向对方隐瞒自己的真实收入，夫妻之间应坦诚相处，荣辱与共。

（三）夫妻之间应该相互关爱

人的一生不可能事事完美、时时顺意，生活所带来的困难是需要夫妻双方共同面对的。夫妻是彼此的精神支柱，遇到挫折时应给予对方最大的鼓励。不论什么时候，都要做对方最坚强的后

盾，永远都要做最懂得欣赏对方才华的那个人。生活中要懂得迁就对方，能够包容对方的缺点，了解对方的喜好，培养双方共同的兴趣和爱好，这样才能让双方得到精神上的愉悦，感受到家庭的温暖和幸福。夫妻双方不仅应在生活中相互扶持，相互关爱，一起分担生活的痛苦和快乐，在工作上、事业上夫妻双方也应互相关心，理解对方工作的不易，鼓励对方在工作中努力进取，获得更高的成就（图5-6）。

图 5-6　夫妻之间相互关爱

（四）夫妻平和相处

夫妻之间不可能事事意见一致，有时难免相互争执，争吵期间也要保持冷静，不能口出秽言、翻旧账及人身攻击。夫妻双方要明确对方的底线，相互之间不要说"过头话"，做"过头事"，不要得寸进尺。双方争执期间更不能波及双方的父母，让父母为此操心。另外双方都需明确的一个道理就是争吵的初衷更多的是宣泄愤懑，把内心的想法说出来。夫妻间的争吵从另一个方面来说，双方感情还在，所谓"爱之深，责之切"就是这个道理。

作为丈夫切忌唯我独尊，有大男子主义，习惯要威风，对妻子发号施令，不顾妻子自尊，粗暴无理。在家要多帮妻子做家务，切莫认为家务活就是妻子的，自己没有一点义务，这样的家庭除了影响夫妻感情外，也不利于家中子女的健康成长，家务活可以考虑全家人一起分担的方式，既可以为妻子分担，也可以培养孩子的动手能力和责任心。作为丈夫要深切理解妻子的不易，在当今社会妻子不仅要照顾好一家人的生活，在工作中也要奋力拼搏，因此无论是生活中还是工作上要多鼓励妻子，双方相互扶持。

作为妻子不能娇生惯养，目中无人，结婚后漠视公婆，总想让丈夫对自己言听计从，稍有不顺，便蛮横无理，大吵大闹。切忌独掌财政大权，对自己娘家亲戚十分大方，对丈夫家亲戚小气抠门。作为妻子要充分认识到自己丈夫撑起家庭的不易，做丈夫的坚强后盾，照顾好双方父母和子女，让丈夫心无顾虑地在外打拼事业。

生活永远不会像影视作品一样，每天都充满了激情，随着时间的流逝，爱情慢慢会转化为亲情，夫妻应当学会平淡相守、真诚相知，请不要忘记，此生最美丽的芳华是彼此的陪伴。

案例 5-3　　　　　　　　相 敬 如 宾

郤缺是晋国的上大夫，曾和他的父亲郤芮同朝为官，后因他的父亲犯事受到牵连，被贬为庶民，务农为生。郤缺一面勤恳耕作，一面刻苦修身，德行与日俱增，深得他人仰慕。

晋国大夫白季出使去秦国的路上，路过郤缺的家乡。正看见郤缺在田地里锄草。他的妻子给他送饭。妻子非常有礼貌地把饭菜送到郤缺的手上，而郤缺也非常尊重地接过饭菜。用过饭后，郤缺目送妻子远去。白季看在眼里非常受感动。回到晋国后，他马上把这个情况报告晋文公，说："臣看到郤缺和他的妻子相敬如宾。臣以为互相尊重是德的集中表现。有德的人就能治理好国家。请大王将郤缺召回来重用。"

晋文公采纳了白季的意见，很快召回了郤缺，封他为下军大夫。郤缺果然不负众望，在晋襄公执政时，在一场晋狄战争中，郤缺深谋远虑且身先士卒，打败了敌国，并俘虏了夷狄首领白狄子。晋襄公就把"冀"地封给了他。后人就把他们夫妇种田的地方称作"聚德田"，他的家乡称作"如宾乡"。

案例点评：夫妻之间应该学会尊重对方，尊重对方其实也是尊重自己，尊重两个人的爱情。正如白季所言，相互尊重是德的集中表现。

五、婆媳翁婿相处的礼仪

婆媳、翁婿的关系在家庭生活中，也占据着十分重要的位置。婆媳、翁婿关系处理不好，很容易影响夫妻之间的感情。

（一）公婆或岳父母要关心爱护儿媳或女婿

公婆或岳父母作为长辈，应该爱护儿媳、女婿，将其看成自己的亲生儿女。在小夫妻不和时，最好让他们自己处理，不要过多地干预"小两口"的事，尤其是小辈们没有要求你插手的时候。若需调停时，要"认理不认亲"，不可以有意偏袒自己的儿女，以免引起更严重的后果。在公开场合或背后不要说儿媳、女婿的缺点，以免引起对方误解，产生隔阂，要看到他们的优点，给予鼓励。作为长辈要做到温和、慈祥、宽厚，对待儿媳、女婿切实做到平等待人，切不可时时处处摆老资格，经常以长辈之势来压制小辈。不要因为小辈做错了一件事，说错了一句话，就唠叨个没完，耿耿于怀并经常提起。长辈只有经常尊重、关怀、体谅小辈，才能得到小辈的尊重、关怀和体谅，老小之间才能和睦相处。

（二）儿媳、女婿要孝敬公婆、岳父母

作为儿媳、女婿要孝敬公婆、岳父母，应该将其看成自己的亲生父母。协助自己的爱人尽儿女孝道。不可以将自己的父母和配偶的父母差别对待，要真诚地给予关心。许多老人随着年龄的增长容易产生心理上的自卑感，担心小辈会觉得他们年老不中用了，看不起他们。所以，老人有时会非常在意自己在家中的地位。对于老辈这种自尊需求，作为儿媳、女婿不能漠视，应当尽可能满足。家里重要事项的决定，应该征求老人的意见，采纳他们提出的合理化建议，特别是涉及老人的事情，更要与他们商量妥当后再实行。作为儿媳、女婿要经常了解公婆、岳父母的健康情况，做到嘘寒问暖。切忌对老人的生活不闻不问，让其产生寂寞感和孤独感。

总之婆媳、翁婿关系是由夫妻关系派生而来，双方在处理此类关系时要从人格上相互尊重，道义上互尽义务，感情上互相沟通，只有这样家庭才会幸福美满。

> **课堂互动**
>
> 讨论一下，成家立业之后，如何做好婆媳或翁婿之间的"双面胶"，帮助自己的另一半，处理好婆媳关系或者翁婿关系，使家庭成员之间团结友爱，和睦共处。

第4节 家庭交往礼仪

家庭各成员之间在日常的生活过程中还需遵循相应的交往礼仪，家庭交往礼仪主要有家庭祝贺礼仪、祝寿礼仪、馈赠礼仪、受礼礼仪、学会感恩及友善待客等。

一、家庭祝贺礼仪

当亲友在工作与生活上取得了进步，如结婚、生育、获奖、升职、过生日、出国深造及事业上取得突出成就之时，应当及时向其表示祝贺。另外每当传统节日来临之时，出于礼貌，向亲朋好友们道贺，也是必要的。适时向家庭成员祝贺，会使对方感受到浓浓的亲情，促进双方的关系更为密切。

家庭祝贺的方式多种多样，有口头祝贺、电话祝贺、贺卡祝贺、赠礼祝贺、设宴祝贺等。在多数情况下，口头祝贺或电话祝贺是必不可少的，如果再结合贺卡祝贺、赠礼祝贺或设宴祝贺就更能让对方体会到你的真诚，使对方更加感动。

通常口头祝贺或电话祝贺都有一些约定俗成的表达方式。例如，学业有成、工作顺利、一帆风顺、身体健康、生活幸福、阖家欢乐、心想事成、恭喜发财等祝贺语。这些吉庆的祝福语，能让对方百听不厌。

二、祝寿礼仪

祝寿即祝贺生日。生日是孩子出生的日子，也是母亲生下孩子的日子，是用来纪念母亲忍受痛苦辛苦生下孩子的纪念日。在这一天，家人聚集在一起向过生日的人馈赠礼物、蛋糕和美好的祝福。有的地方有祝寿时吃红蛋、吃寿面、吹蜡烛的习俗。剥蛋壳寓意着脱胎换骨，获得更美好的生活。吃长寿面时，将面条拉得越高越能表达对寿星的祝福。许愿吹蜡烛时要一次性吹灭，寓意着愿望可以圆满实现（图5-7）。

给老人贺寿时，参加的人多为自家晚辈、徒弟、学生及朋友等。生日来临前，子女需要为祝寿提前准备，首先是预备招待宾朋的菜肴和酒水；其次是准备寿面、寿桃、蛋糕等。受邀参加长辈的生日宴会时，要提前向对方说明是否出席，如果有事无法到场，要向对方解释原因，可提前准备好生日礼物送过去。给长辈的生日礼物有多种多样，有衣服、鞋帽、手杖，有寿面、寿桃、寿糕或生日蛋糕等，还可以是写有祝寿字句的寿联等。但是需要特别注意的是，生日礼物忌讳送钟。

随着时代的发展，人们过生日的方式也有了新的选择和创意，有的选择全家一起外出旅游，有的选择一起参加公益活动等，这种新形式的生日纪念方式更有意义，被越来越多的年轻人所接受和推崇。

图5-7 生日蛋糕

三、馈赠礼仪

家庭成员之间在平时生活中可以通过向对方馈赠适当的礼品来向对方祝贺或表达自己对对方的关爱。在向对方馈赠礼品时应该注意以下几点：

1. 精心挑选合适的礼品 选择礼品时一定要考虑周全，结合双方的实际情况，选择合适的礼品。

2. 注意包装 精美的包装可以提高礼品的档次。

3. 注意态度和动作 赠礼时态度要平和友善，动作要落落大方并伴有礼节性的语言，让受礼者安心接受礼品。

4. 注意时机 一般赠礼选择在相见、道别或相应的家庭仪式上。

5. 注意细节 送礼前要剪掉价格标签。但若是家用电器或电脑等贵重物品，可附带发票和保修单，以便对方能享受相应的售后服务。

6. 双手恭敬地呈送礼物（图5-8）。

图5-8 馈赠礼仪

四、受礼礼仪

收受家庭成员的祝贺礼物时，不应无故推脱，应做到落落大方，双手恭敬地接过礼物。还需当面表示谢意。对贺礼及精美礼物，外国人习惯当面打开一起欣赏、称赞一番，中国人一般等送礼人离开之后再打开。如有可能应予以回礼。礼节性的家庭成员之间的馈赠活动，有利于拉近双方的距离。

五、学 会 感 恩

古语云"羊有跪乳之恩,鸦有反哺之义",更何况人呢。父母将我们带到这个世界,辛勤养育我们长大,为孩子撑起了一片爱的天空。因此我们首先要感恩父母。工作之余,陪伴他们聊聊天;周末的时候,为他们做一顿饭;闲暇之余,帮助他们做做家务。所有这些微不足道的小举动都会让父母感到无比幸福,无比欣慰。

面对曾经帮助自己的人,我们需要尽最大努力去回报。所谓"滴水之恩,当涌泉相报"。学会感恩,感恩自己的亲人,感恩自己的老师,感恩生活中遇到的每一个人。学会感恩,对每个人多一点包容,对每件事多一个微笑,会让你拥有更多的快乐!

六、友 善 待 客

家庭中接待亲朋好友是一门艺术。我们需要努力做到友善待客,让客人体会到宾至如归的感受。待客时要做到热情、周到、礼貌,还应注意以下几个问题:

1. 客人进门,要主动招呼,笑脸相迎,侧身相让,并微笑着说:"你好,请进!"
2. 安排客人落座后,要及时沏茶招待客人,如有小朋友时,可以准备一些点心和糖果。
3. 与客人交谈时,要注意倾听,态度诚恳。
4. 客人告辞时,应真诚挽留。如若客人执意要走,应先等客人起身后,自己再起身相送,不可先起身摆出送行姿态。
5. 送客时,要送出门外或楼下,再握手或挥手道别,并且欢迎对方下次再来。

第5节 节 日 礼 仪

传统节日的形成是一个民族或国家历史文化长期积淀的过程。我们平时不仅要注重家庭礼仪,还要注重节日的礼仪。中国历史文化源远流长,形成了丰富多彩的传统节日,最具有中国特色的传统节日主要有春节、元宵节、清明节、端午节、中秋节、重阳节等。随着中国改革开放及全球化的不断发展,许多国外的节日也慢慢传入中国,引起了年轻人的热捧,如圣诞节、情人节、感恩节、母亲节等。

一、国内传统节日礼仪

(一)春节

春节是中国人一年中最隆重的节日,狭义春节为农历正月初一,传统意义上的过年,一般从农历腊月二十三小年开始至次年正月十五。春节常用新春佳节或过大年来形容。春节期间的主要活动包括祭祖先、打扫房屋、贴春联、挂年画、备年货等。中国传统有守岁的习惯,在除夕夜晚多数北方地区喜好包年夜饺子,而南方地区多喜好做年夜饭。一家人团团圆圆围坐在一起,共同举杯祝福未来,一般到新年钟声响过后,放了鞭炮才睡觉(图5-9)。

图5-9 过春节包饺子

拜年一般是从大年初一开始，大人和小孩穿上新衣服，拎着礼品探亲访友，登门拜年，互敬问候。长辈需要准备好崭新的纸币包好红包，小辈给长辈拜年时，可从长辈那里收到压岁钱。

知识拓展　　燃放烟花爆竹的五大危害

春节燃放鞭炮是我国一项传统民俗，但是燃放烟花爆竹会对我们居住环境造成巨大的影响。燃放烟花爆竹有五大危害：①引发火灾，每年春节因燃放烟花爆竹引起的火灾全国有数千起，造成巨大财产损失。②引起人员伤亡，根据医院的诊疗报告，每年除夕都是烟花爆竹致伤的高发期。③污染空气，燃放烟花爆竹会产生大量二氧化硫、二氧化氮、一氧化碳等有害气体，不仅会使空气重度污染，PM2.5（细颗粒物）严重超标，雾霾加重，还易引起气管炎等呼吸系统疾病，这些有害气体在大气中遇水形成的酸雨，可造成树木死亡及农作物减产。④燃放烟花爆竹会产生巨大的噪声污染。⑤烟花爆竹燃放后形成大量的细碎的固体垃圾，难以清理，大大加重了环卫工人的工作负担。

随着国家越来越重视环保，现在各大城市都出台禁止燃放的措施，因此我们应该响应号召，禁止燃放烟花爆竹，过安全、和谐的文明春节。

（二）元宵节

农历正月十五叫"元宵节"，传统意义上它是过年的最后一天。大家张灯结彩，扭秧歌、跑旱船、猜灯谜，同时这一天晚上要吃元宵或汤圆，取"团团圆圆"的意思。各地在元宵节都有放烟花、观灯展的习惯，由于观灯期间人流量大，因此需要照顾好家人，特别是老人和孩子，以防走失（图5-10）。

（三）清明节

清明节是我国传统的祭祀节日。古代人们有禁火寒食、踏青扫墓、祭拜祖先的习俗，如今成为纪念革命先烈、缅怀英雄业绩、祭奠逝去的亲友家人的日子。当天一般全家去墓地打扫修整，敬献鲜花、食品或洒酒祭拜，寄托哀思。

图5-10　元宵节猜灯谜

（四）端午节

每年农历五月初五是一年一度的端午节（又称端阳节）。每当端午节来临，按照传统都会制作各式各样的粽子，在民间有吃粽子、饮雄黄酒、熏艾叶的习俗，有的地方还举行赛龙舟等庆祝活动。

（五）中秋节

每年农历八月十五是中国民间的传统佳节——中秋节，又称"团圆节"。人们常把这一天作为全家欢聚、团圆的节日。在这一天，通常全家要聚集在一起吃月饼、赏月亮，享受中秋月夜的舒适和天伦之乐。

（六）重阳节

每年农历九月初九叫"重九"，又称为"重阳"。在这一天人们上山登高，佩戴茱萸，以躲避瘟疫。这一天也是敬老节，人们吃重阳糕，给老年人送祝福。重阳节作为敬老爱老日，呼吁着人们尊老、敬老、爱老、助老。

二、国外传入节日礼仪

（一）圣诞节

每年的12月25日是西方传统节日圣诞节，圣诞节起源于基督教，是一个宗教节日，在圣诞节期间大家互赠圣诞卡、礼物，向亲友祝福。圣诞装饰主要是在家中准备好圣诞树及灯光装饰，孩子们喜欢戴圣诞帽，睡觉前将自己的袜子挂在床边，用于接收"圣诞老人"的礼物（图5-11）。

（二）情人节

每年的2月14日是西方国家的传统节日——情人节。情人节是欧美各国年轻人最喜爱的节日之一。在这一天男女互送礼物以表达爱意，并且相约一起共进晚餐。情人节的晚餐约会代表了情侣关系的发展。

在中国除了西方传入的情人节以外，每年农历七月初七的七夕节，传说是牛郎织女每年相聚的日子，被称为中国的情人节，在这一天同样也是男女互表爱慕的日子。

（三）感恩节

感恩节是美国的古老节日。感恩节旨在感谢生命中遇到的一些人和事。感恩节这一天，美国举国上下热闹非凡，有许多戏剧表演、化装游行、体育比赛等等。美国家家户户都要吃火鸡，他们通常还吃一些传统的菜肴，如奶油洋葱、土豆泥、南瓜饼等等。

图5-11 圣诞树

（四）母亲节

母亲节是感恩母亲的节日，许多国家是在一年中不同的时节庆祝母亲节，美国庆祝母亲节的时间为每年5月的第二个星期日。在这一天母亲们都会满怀喜悦之情，接受孩子和丈夫赠送的礼物。这一天，家务活基本由丈夫和孩子承包下来，让母亲们从日常繁重的家务劳动中解放出来，轻松、悠闲地休息一整天。母亲节赠送礼物主要是孩子们亲手制作的贺卡、糖果、蛋糕、鲜花等礼物，一般认为康乃馨是最适合献给母亲的鲜花。

小 结

本章主要介绍了家庭称谓礼仪、家庭成员相处礼仪、家庭交往礼仪和节日礼仪。在家庭成员礼仪中介绍了父母与子女之间相处礼仪、同辈之间相处礼仪、夫妻之间相处礼仪和婆媳翁婿相处礼仪；在家庭交往礼仪中介绍了家庭祝贺礼仪、祝寿礼仪、馈赠礼仪、受礼礼仪及友善待客等礼仪；在节日礼仪中主要介绍了春节、元宵节等中国传统节日及圣诞节、情人节等国外节日。

思考题

1. 家庭礼仪的重要性有哪些？
2. 我们平时应从哪些方面孝敬父母？
3. 我国的传统节假日及其风俗习惯都有哪些？

校园礼仪篇

第 6 章 校 园 礼 仪

案例 6-1

小李今天早上起得早,在去学校体育场晨练的路上,迎面碰到上学期给自己班级授课的王老师,小李赶忙掏出手机装作看短信,最终和王老师擦肩而过。

想一想:小李的行为是否合乎礼仪规范?

校园礼仪是指学生在校期间上课、生活、交际等各类活动中所应遵循的礼仪规范。校园礼仪主要包含了课堂礼仪、尊师礼仪、同学相处礼仪、集会礼仪和校园公共场所礼仪。

学习校园礼仪,不仅有助于提高自身的内在素质,还有助于毕业后顺利融于社会。同学们应该重视校园礼仪,在校期间严格遵守校园礼仪,把握在校期间每一个学习成长的机会,严格要求自己的一言一行,切实做到学礼、懂礼、遵礼,做文明守礼的现代大学生(图6-1)。

图 6-1　校园环境

第1节　课堂礼仪与实习礼仪

大学校园是学生学习、生活和娱乐的公共场所,我们需要遵从相应的礼仪规范。大学生在校的主要任务是学习,跟学习相关的礼仪尤其重要,主要包括课堂礼仪和实习礼仪。

一、课堂礼仪

课堂教学是大学生获得知识和技能的主要渠道,因此遵守课堂纪律,不单单体现了大学生的修养,也有利于大学生知识的获得,我们需要从以下几个方面注重遵守相应的课堂礼仪:

1. **课前准备**　进入教室前需要穿戴整洁,整理好自己的东西,并准备好课本、文具、笔记等相关学习物品,提前来到教室,等候老师的到来。值日生提前擦干净黑板,并准备好多媒体设备。

2. **上课礼仪**　当老师步入教室时,应立即停止交头接耳和大声喧哗,端坐于桌前。老师宣布上课时,班长起身喊"起立",带领全班同学起立,向老师致敬。在老师回应"请坐"之前,大家不能急不可耐地抢先坐下。起立和坐下,需整齐一致,尽量减少桌椅挪动的噪声。

在校期间大家需按时上、下课,禁止迟到、早退、旷课等现象。若因故迟到,进教室前需报告，得到老师允许后脚步轻快地回到座位，课间可主动向老师说明迟到原因。

老师讲课期间认真听讲，做好笔记，禁止吃东西或玩手机等与学习活动无关的事情。老师在进行日常考勤点名时，听到自己名字时需起立，立正站好，声音洪亮地回答"到"。若想回答老师课堂提问的问题时，需举手示意，得到老师允许后，站起来声音洪亮地回答问题。若被老师点名提问时，自己确实不懂，可以实事求是地向老师说明，得到老师的允许后再坐下。当有其他同学被叫起来回答问题时，不管回答得正确与否，都不应起哄（图6-2）。

图6-2　上课礼仪

当与老师的观点不尽相同或发现老师讲授的内容与实际情况有出入时，一般不要打断老师的正常授课过程，可在课间单独与老师讨论相关问题，有理有据地提出自己的观点或指出老师的错误，并给老师一定的时间核实相应的问题。

实训课堂要按规定着装，认真听讲，密切观察老师的示教过程，在老师宣布自己动手操作后再认真操作，操作期间自己不懂的地方及时请教老师，切忌自以为是，擅自操作，以防损坏仪器设备，影响实训进程（图6-3）。

3．下课礼仪　下课铃响后，不要急忙站起来，走出教室。在老师宣布下课以后，全班同学起立站好，齐声说："老师再见！"老师离开教室时，让老师先行，不要在老师前面拥挤着走出教室。课间注意保持教室卫生，一天课程结束后值日生需及时打扫教室卫生。

图6-3　实训课堂

二、实习礼仪

所谓实习是指学生在老师的指导下，独立从事社会实践工作的初步尝试，是对学生所学知识和技能进行系统化总结和深化的过程，是从理论学习到实际应用的一条纽带，可为大学生毕业后顺利走上工作岗位打下良好的基础。

因此不管是在学校跟随老师实习还是走出校门到其他单位实习都要抓住机会认真实习，加深并巩固所学的专业知识，进一步提高认识问题、分析问题、解决问题的能力。实习期间每名学生要时刻牢记自己在外实习时的一举一动都代表着学校，需要遵从一定的礼仪规范，避免自己的行为影响学校的声誉。

1．自觉遵守纪律　按规定的时间到实习单位报到，不能按时报到时，应及时通知实习单位，避免打乱实习单位的工作计划。

报到后按实习单位要求的时间进行实习,杜绝迟到、早退、旷工现象。进入实习科室,应主动整理清洁科室卫生,主动为科室老师打开水。遇事多向同事请教或及时向领导汇报。领导安排的任务,要认真完成。不可利用办公电话谈私事,更不应该利用办公电话"煲电话粥"。不要利用工作电脑做与工作无关的事情,如聊天、玩游戏、看电影等。不要将实习单位的文件、材料或物品带回,注意为实习单位的商业秘密保密。平时团结同事,不要卷入实习单位内部的争斗。

2. 尊重带教老师　学生实习期间,学校或实习单位一般会安排一名老师作为自己的实习带教老师。临时有事需请假时除向实习单位请假外,还需通知自己的带教老师,让老师掌握自己的行踪。以防有急事,无法通知到自己。如果带教老师是实习单位人员,更要珍惜来之不易的实习机会,加强实践锻炼,对于带教老师传授的经验和知识,要虚心接受,切莫眼高手低,目中无人。

在实习期间遇到自己无法解决的难题时,要及时通知自己的实习带教老师。由带教老师来帮助解决。

第2节 尊师礼仪

自古以来我们国家就有尊师重教的习俗,在清代罗振玉整理的《鸣沙石室佚书·太公家教》中就提及"弟子事师,敬同于父,习其道也,学其言语。……忠臣无境外之交,弟子有束修之好。一日为师,终身为父"。现在我们也常常把文中的"一日为师,终身为父"拿来强调学生应该尊重老师。大学生在日常的学习生活中尊重老师应该做到以下几点:

一、基本尊师礼仪

前面讲的课堂礼仪是对老师最基本的尊重。除了遵从基本的课堂礼仪外我们平时还需虚心听取老师的教诲,自觉接受师长的教育。服从老师管理,不顶撞老师,指出老师的错误时要有礼貌等。

当与老师谈话时要谦虚、恭敬、有礼貌。充分信任老师,对老师诚实,讲真话,不欺瞒老师。

进出教室或上下楼梯期间要给老师让行,在校园与老师偶遇时,要面带微笑主动问好(图6-4)。若在校园骑自行车遇到老师时,需先下车,将车停稳后再问候老师,当老师手中有重物时,可提议帮忙搬运。在道路狭窄的地方相对而行时应侧身静立,让老师先过等。

总之我们平时需要关心老师,体谅老师,积极配合和帮助老师完成日常的各项教学工作。

图6-4　遇见老师、同学主动打招呼

二、进出办公室礼仪

进出老师办公室要注意办公室礼仪。办公室是老师办公、备课的场所,除了紧急的事情要直接到办公室找老师外,到办公室前需事先打电话预约,让老师安排会面的时间。

无论老师的办公室是紧闭的还是打开的,在进入办公室前都需轻轻敲门或喊"报告",得到允许后，轻轻推开门进入办公室，并随手将门带上。进入后应与里面的老师们点头致意并问好（图6-5）。

如果老师临时有事暂时出去一会时，自己在办公室需耐心等待，不要随便翻看老师的东西，可以找个空的座位靠边坐下等待老师回来，注意尽量不要占用其他老师的办公桌椅。

在办公室与老师会谈期间要彬彬有礼，诚恳接受老师的教导。与老师谈心结束或请教老师的问题得到解决后要道谢，若老师有安排任务，要向老师表达按时完成的态度。与老师会谈完毕后，要及时告别，走出办公室前，将椅子放回原处，若老师送自己出办公室，要请老师留步。

图6-5　敲门礼仪

案例6-2　　　　　　　　　　程门立雪

北宋大学问家杨时与好友游酢一起去向程颐求教，凑巧赶上程颐在屋中打盹儿。杨时便劝告游酢不要惊醒老师，于是两人静立门口等老师醒来。一会儿下起了鹅毛大雪，越下越急，杨时和游酢却还立在雪中。程颐一觉醒来，才发现门外的两个"雪人"，这就是程门立雪故事的由来。

案例点评：中华文明是世界上最古老的文明之一，亦是唯一延续至今且不曾中断的文明，几千年的历史长河中，师者肩负传道授业解惑的使命。尊师重教，是中华民族极为重要的价值取向。学习中最难得的，即是尊敬老师，而只有尊敬老师，我们才能尊敬老师所传授的知识、道理。

第3节　同学相处礼仪

大学生活除了学习以外，还有多姿多彩的校园生活。同学之间朝夕相处，是亲密无间的伙伴，更是自己一生宝贵的财富。为此，我们需要珍惜自己身边的同学，大家和睦共处，使自己度过一段美好的大学时光，让自己不仅学到扎实的专业知识，更收获友谊的果实。因此在大学期间，我们需要努力建立一个和睦的同学关系，而这需要我们懂得同学相处的礼仪。

一、相互尊重

同学之间应相互尊重，尊重他人的信仰，尊重他人的学习生活习惯，尊重个人隐私。平时保持积极健康的心理状态，真诚地与同学交往，当同学遇到困难时，不应嘲笑、讽刺或歧视，应该热情相助。对同学的相貌、衣着不要评头论足，不能给同学起侮辱性的绰号，同学间开玩笑，要掌握分寸，更不应与自己的同学发生肢体冲突。校园相遇，要相互打招呼（图6-4）。

有事有求于同学时，要态度诚恳地使用"请您帮我……""谢谢""麻烦您"等礼貌用语，借用同学书籍、文具或其他用品时，应先征求对方同意，用完后及时归还并致谢。

二、宿舍和睦相处礼仪

寝室生活占去了学生学校生活的大部分时间，这部分时间是学生成长最为重要的一部分。寝室生活对于学生性格的形成，对于学生学习态度的养成，对于学生学习方法的掌握，对于学生适应集体生活做人做事的方式与态度，以及对于学生独立性的养成都起到了重要的作用。

良好的宿舍秩序需从每一名成员做起，要求大家严格遵守作息制度，按时回宿舍，熄灯前完成睡前的洗漱活动，按时熄灯就寝，熄灯后不在宿舍、走廊大声喧哗。睡前有听音乐习惯的同学要使用耳机，早晨有早起习惯的同学起床时要轻，避免影响其他同学的休息。平时按值日表打扫好宿舍卫生，并保持整洁、干净，除了公共卫生外，更要做好个人卫生。爱护宿舍设施，不在宿舍私拉电线或使用大功率电器，不可随意留宿外来人员等。

宿舍生活过程中，要正确处理好个人与整个宿舍集体的关系，做到求同存异，杜绝在宿舍内拉帮结派，故意联手排挤同学的现象，更不应出现恃强凌弱、欺侮同学的现象发生。

良好的宿舍环境与秩序能让我们的学习生活找到"家"的感觉，使宿舍成为心灵栖息的场所和装载梦想与幸福的家园。因此寝室生活秩序必须引起每一名大学生的重视（图6-6）。

图6-6　整洁的宿舍

案例6-3　留美学生欺凌同学获刑

据《中国之声·新闻纵横》报道，在美国加利福尼亚州读高中的2名中国留学生，因为生活琐事，遭到同为中国留学生的多名学生虐待，包括强迫其吃沙子、头发等，折磨虐待的过程长达7小时。随后，受害者在当地报警，经过警方调查之后，此案提起公诉。本案3名被告通过放弃上诉权利与检方达成认罪协议，检方同时作为交换撤销了起诉书当中可判处终身监禁的折磨罪罪名。涉嫌凌虐同学的3名中国留学生分别获刑13年、10年和6年，三人服刑期满之后还将被驱逐出美国。

案例点评：同学间的友谊单纯而又难能可贵，一定不能因为一点小事而斤斤计较，要大度一点，这样才能不彼此伤害，以免酿成大错。

第4节　集会礼仪

在校期间我们可以参加各种社团活动，学校里也会定期升国旗或召开集体大会。这些集会活动，由于参加的人数较多，为了保证集会的顺利进行，客观上要求每位同学更加严格要求自己，遵守纪律，顾大局，遵守礼仪。

一、集会典礼礼仪

集会典礼活动，应遵守一定的礼仪规范，应做到以下几点：

1. 提前几分钟列队入场，站队时服从命令，听指挥，不说话，做到快、静、齐。在集会中不随便走动和发出响声。

2. 入场后按照指定的位置就座，一般情况下，除非出于礼让，不得自行更换座位，更不能抢占他人座位。

3. 集会期间认真倾听，不要交头接耳，不要来回走动或擅自离场，如有特殊情况必须离开会场，须经老师同意后才能离开。

4. 集会期间，禁止吃零食，不乱扔纸屑等垃圾，注意保持会场卫生清洁。

5. 散会时，保持安静，在老师的指挥下，有序离场，不打闹，不推搡，不占道，不抢道。

二、升国旗礼仪

国旗是一个国家的象征，学校每周的升旗仪式，能够增强学生的爱国之情，强化爱国意识，培养集体主义精神，作为学生必须遵守升旗的相关礼仪规范。

1. 提前到达指定地点集合，迟到同学在国歌奏响时必须原地肃立，待升旗仪式完毕后再入列。
2. 按规定统一着装，禁止背包，队列整齐，仪态庄重。
3. 升国旗、奏国歌时，立正、脱帽，向国旗行注目礼，直至升旗仪式完毕。升旗期间禁止来回走动，东张西望，交头接耳，嬉戏打闹，接听电话或吃东西。
4. 唱国歌时，要严肃认真，歌词准确，声音洪亮（图6-7）。

图6-7　升国旗

第5节　校园公共场所礼仪

案例6-4

临近暑假时，同学们都在准备期末考试，小王也不例外，他一大早穿着背心，带了一份早餐早早来到图书馆自习室占位。在图书馆吃完早餐后，学习期间小王不断接听电话，临走时将椅子随便一推，收拾好书包就和同学们喧嚷着走出了图书馆。

想一想：小王在图书馆的表现哪些是不文明的？

在校园中同学们除了上课、就寝以外，还会经常出入学校的图书馆、餐厅、体育场或观看电影及参加校内各类集体活动等，在此期间我们除了遵守公共场所的各项有关规则外，也要遵从相关礼仪规范，服从管理，同学们要谦让有礼，相互帮助。

一、图书馆礼仪

进出图书馆应着装整洁大方，不穿背心、拖鞋或其他奇异服装入内，翻看书籍前洗手，不在公共图书上乱涂乱画或有意损毁图书。

在图书馆内要保持安静，不要大声喧哗，走路、离座、翻书期间注意不要弄出声响。禁止在图书馆内做出占座、睡觉、吃东西等不文明行为。

借阅图书期间正确使用代书板（图6-8），离馆前将书刊放回原处，将桌椅整理干净，借阅的图书要按时还回或及时续借。

二、餐厅和饮水礼仪

进入餐厅自觉排队买饭就餐，杜绝插队。进餐时保持安静，不大声喧哗，爱惜公共餐具，不敲打餐具。餐后不随地倾倒剩菜剩饭，时刻牢记文明用餐，杜绝浪费。课间接水应排队（图6-9）。

图 6-8 代书板　　　　　　　　　　　　图 6-9 排队接开水

三、体育场礼仪

进入体育场活动时，衣着除了舒适外，也要整洁大方。体育场活动时，也不宜大声喧哗、追逐打闹，不要相互争夺体育场的场地，也不要长期霸占。同学之间要相互谦让，遵循相应的规则。

竞技比赛期间遵守比赛规则，尊重竞争对手，不能故意伤害对方，遇到有争议的问题，服从裁判判罚。

观看体育比赛时要提前入场，对号入座。观看期间听从指挥，不随意走动或站立观看。在比赛期间可为双方运动员加油助威，尊重双方运动员和裁判，遵从会场秩序，禁止吹口哨、起哄、喝倒彩甚至乱扔物品等不文明行为发生。退场时，听从指挥，有序退场，避免发生拥挤。退场前将垃圾清理干净，保持好体育场卫生。

四、剧场礼仪

观看电影或其他演出时要提前入场，对号入座。自觉遵守秩序，保持安静，不把脚蹬在前排座椅上，不要随地吐痰，乱扔垃圾。中间有事离座及返回期间起立后要躬身而行，不要影响后排观众观看，并对起身让座的观众道谢。演出精彩之处，可适度鼓掌，演出结束后，报以热烈掌声。

小 结

本章主要介绍了校园礼仪、课堂礼仪、尊师礼仪、同学相处礼仪、集会礼仪和校园公共场所礼仪。在集会礼仪中介绍了集会礼仪和升国旗礼仪；在校园公共场所礼仪中介绍了图书馆礼仪、餐厅和饮水礼仪、体育场礼仪和剧场礼仪。

思 考 题

1. 校园礼仪主要有哪几个方面？
2. 观察周围同学上课的礼仪，看看是否还有改进的地方。
3. 怎样才能处理好宿舍成员的关系？
4. 讨论一下公共场所应该注意的礼仪有哪些。

职场礼仪篇

第 7 章 会面礼仪

> **案例 7-1**
>
> 小王参加工作不久，公司举办了一次大型国际交流会，邀请了很多国内外知名企业家参会。小王被安排在接待工作岗位上。接待当天，小王早早来到机场接机，当等到要接待的客人时，小王开口说："您好！是来参加交流会的吗？请告之您的单位及姓名，以便我们安排就餐和住宿。"后来在会场，小王帮客人引路，走在客人前方，与客人距离适中，一路带着客人，上下电梯也是小王走在前面，做好引路工作。原本心想很简单的事情，却几次被上司批评。
>
> **想一想**：小王为什么会被上司批评？他有哪些地方做的不符合礼仪规范？
>
> **案例点评**：在此案例中，小王与客人职位身份并不相当，他应首先向客人作自我介绍，再询问客人是否是前来参加交流会的人员，并握手表示欢迎；小王应事先了解客人的相关信息，提前做好餐饮和住宿安排，而不是询问对方的信息再做安排，这样十分不礼貌，也显得十分不专业；在引导客人上下电梯时，引导礼仪不够规范。
>
> 小王的言行举止影响了客人的心情，同时也损坏了接待方的声誉，因此受到了上司的批评。

在商务、政务和社交活动中，会面礼仪是人们交往必不可少的礼仪。掌握会面时的礼仪规范有助于彼此之间的交往，建立和谐、积极的人际关系，获得更多的支持与合作。

会面的程序如下：问候→介绍→握手→交换名片→交谈。与人见面时，首先要热情大方、面带微笑，同时问候对方，如"您好！见到您很高兴！""您好！欢迎您的到来！"等。接下来相互介绍让彼此留下第一印象，然后通过握手来传递感情、增加互信，通过交换名片建立联系，通过交谈传递信息、增进了解。

第1节 介绍礼仪

介绍是社交活动中最常见也是最重要的礼节之一。介绍是双方初次见面开始交往的起点，也是人与人之间交流的桥梁与纽带，通过介绍可以缩短人与人之间的距离，为进一步交往建立一个良好的基础。双方或多方初次见面时，介绍人应该先介绍谁？如何进行介绍？这关系到被介绍人被重视的程度。

在商务、政务和社交活动中，常见的介绍方式主要有第三方介绍和自我介绍等。

一、第三方介绍

第三方介绍又称他人介绍，是经第三方为彼此不相识的双方引见、介绍。

（一）介绍人的选定

第三方介绍时，谁来当介绍人，代表着对客人的重视程度和待遇的不同。一般来说：

1. 重要领导或重要客人来访时，东道主一方职务最高者做介绍人。
2. 一般公务活动，专业人士、对口人员、职位低者做介绍人。
3. 社交场合，按照国际惯例，女主人做介绍人。
4. 社交场合，按照国内习惯，主人（男或女）或认识双方的人员，要为互不相识的人做介绍人。

（二）介绍的顺序

在介绍中一般遵循"尊者有优先知情权"的原则，就是受到尊重的一方有了解对方的优先权，即先把年龄、身份、地位较低的一方介绍给年龄、身份、地位较高的一方。在口头表达上可以先称呼受到尊敬的一方，再将被介绍者介绍出来。不同场合介绍的先后顺序有所不同。

在社交场合的介绍顺序：

1. 先将年轻者介绍给年长者；
2. 先将自己的家庭成员介绍给对方；
3. 先将男士介绍给女士（女士优先原则）；
4. 先将晚到者介绍给早到者（社交和公务场合都适合）。

在政务和商务场合的介绍顺序：

1. 先将职位低者介绍给职位高者（不考虑性别）；
2. 先将我方人员介绍给对方人员；
3. 先将个人介绍给团体。

特别提醒：在职场中首先考虑的是职位，按照职位的高低来介绍；当被介绍的双方是同性别或年龄相仿或一时难以辨别其身份、地位时，可以先把与自己关系较熟的一方介绍给较为生疏的一方。

图 7-1　第三方介绍

（三）介绍的姿态

在介绍中，一般都应站立。介绍时，正确姿势应该是提起右臂，五指并拢，手掌向上倾斜，自然伸向被介绍者，手的高度应在胸肩位，即手不能高过肩，也不能低于胸（图 7-1）。

（四）注意事项

1. 介绍人不能用手拍被介绍人的肩、背等部位，更不能用食指或拇指指向被介绍的任何一方。
2. 介绍时，语言应简洁、清楚、明确。陈述时间宜短不宜长，内容宜简不宜繁，同时避免给任何一方有厚此薄彼的感觉。
3. 被介绍的双方应面带微笑点头示意或握手致意，目光相视时应轻柔，做到表情悦人、举止优雅、仪态自然大方，并且彼此问候对方，可以说"您好""幸会""久仰大名""认识您非常高兴"等。

二、自 我 介 绍

若没有第三方在场或在场的人互不相识时，需要大家做自我介绍。在一些社交场合或求职应聘中把自己恰当地介绍给其他人或考官，可使对方认识自己、赏识自己。自我介绍应注意以下几个方面：

（一）自我介绍的场合和时机

应当何时何地如何自我介绍？这是非常关键而往往被人忽视的问题。

1. 自我介绍的场合　在下面几种场合，有必要进行适当的自我介绍。

（1）应聘求职、应试求学时。
（2）工作场合与不相识者业务联系时。
（3）社交场合和聚会场合与不相识者相处时。
（4）想了解对方情况时。
（5）想向别人说明自己情况时。

（6）有求于人，而对方对自己不甚了解或一无所知时。

（7）利用大众传媒向社会公众进行自我推荐、自我宣传时。

2. 自我介绍的时机　在进行自我介绍时还应注意选择适当的时机。在适当的时机进行自我介绍既不会打扰到对方，又容易让对方记住自己。

（1）对方比较专注的时间。

（2）没有外人在场的时间。

（3）周围环境比较幽静时。

（4）在较为正式的场合（如会客室）。

（二）自我介绍的顺序

自我介绍的顺序也同样遵循"尊者有优先知情权"的原则。

1. 职位低者先行（公务场合）。

2. 资历浅者先行（公务场合）。

3. 年少者先行（社交场合）。

4. 男士先行（适合社交场合，公务场合不按照性别顺序）。

5. 求人者先行（公务和社交场合）。

6. 初次见面时应先介绍自己，再让对方介绍（公务和社交场合）。

（三）自我介绍的形式和内容

在公务和社交活动中，由于自我介绍的目的不同，所以表达方式和内容也有所不同。确定自我介绍的具体内容，应兼顾实际需要、所处场景，并应具有鲜明的针对性，切不可"千人一面"。依照自我介绍时表述的内容和目的不同，自我介绍可以分为以下四种形式：

1. 应酬式　适用于某些公共场合和一般性的社交场合，如宴会中、旅途中、通电话时。它的对象主要是进行一般接触的交往对象。对介绍者而言，对方属于泛泛之交或者早已熟悉，进行自我介绍只不过是为了确认身份而已，故此种自我介绍内容要少而精。应酬式的自我介绍内容最为简洁，往往只包括姓名一项即可。例如，"您好！我的名字叫××。""您好！我是××。"

2. 工作式　主要适用于工作场合。它是以工作为自我介绍的中心，是公务式的自我介绍。工作式自我介绍的内容，应当包括本人姓名、供职的单位及其部门、担任的职务或从事的具体工作等，通常这几个方面缺一不可。例如，"您好！我叫××，是××饭店的客房部经理。""您好！我叫××，在××学校××专业读书。"

3. 交流式　适用于社交活动中，希望与交往对象进一步交流与沟通时。介绍内容包括本人姓名、工作、籍贯、兴趣、爱好及与交往对象的某些熟人的关系。例如，"大家好，我叫××，来自上海，是××的同学，我的爱好是××，很高兴认识大家！"

4. 礼仪式　适用于讲座、报告、演出、庆典、仪式等一些正规而隆重的场合。介绍内容包括本人姓名、单位、职务等，同时还应加入一些适当的谦辞、敬辞等。例如，"各位来宾，大家好！我叫×××，是××公司的公关部经理。我代表本公司热烈欢迎大家出席我们的新闻发布会。"

第2节　握手礼仪

握手礼是在现代交际活动中最常用的见面礼仪。握手是人们沟通思想、交流情感、建立友谊的一种简便而又重要的方式。握手礼的顺序、方式和时间，在公务和社交场合中都有一定的规则。

一、握手的顺序

在公务和社交活动中，交往双方握手时谁先伸手，由双方的社会地位、年龄、性别等来确定，应遵循"尊者有优先决定权"的原则，也就是身份较尊贵者先伸手，这是约定俗成的礼仪规则。一般顺序如下：

1. 职位高者与职位低者握手，应由职位高者先伸手，后者迎握（公务场合）。
2. 长辈与晚辈握手，应由长辈先伸手，晚辈迎握（社交场合）。
3. 女士与男士握手，应由女士先伸手，男士迎握（适合社交场合，公务场合不按照性别顺序）。
4. 已婚者与未婚者握手，应由已婚者先伸手，未婚者迎握（社交场合）。
5. 主人与客人握手，迎客时应主人先伸手，客人迎握；客人告辞时，应客人先伸手，主人迎握（公务和社交场合）。

特别提醒：在商务和政务场合，不区分性别，只按照职位高低来区分尊卑。

二、握手的时机

在公务和社交活动中，交往双方何时握手才能产生预期的良好效果？握手的时机涉及场景的情况、双方的关系、现场的气氛及当事人的心理因素等。文雅而得体的一握，往往蕴含着令人愉悦、信任、接受和成功的契机。因此，把握好握手的时机和场合，是非常重要的。

1. 介绍相识时　当你被介绍与他人相识时，应马上向对方伸手并趋前相握，以表示很高兴认识他，并表示今后愿意建立联系或商谈工作等。
2. 久别重逢时　与自己久别重逢的老朋友或多日不见的同事相见时，应该主动热情握手，以示自己的问候、关切和高兴之情。
3. 恭喜祝贺时　当你获知他人有喜事，如晋升职衔、喜结良缘、比赛获奖等，与之见面时应主动握手，以表示祝贺。当他人向自己祝贺赠礼，如有人向自己颁发奖品、赠送礼物、表示祝贺时，应与其握手以表示感谢。
4. 安慰问候时　对他人表示理解、支持、肯定时，可以通过握手以表达真心问候。当友人、同事遇到烦恼挫折时，可以与其握手以示安慰。例如，参加追悼会，应与主要亲属握手，表示安抚、安慰和节哀之意。
5. 公务应酬时　在办公室等工作场合迎接或送别来访者时，应同他们握手以示欢迎或欢送。拜访辞别时应握手，以示希望再见之意。

有一些情况不适宜握手：对方手部负伤；对方手中忙于他事，如打电话、用餐、喝饮料、主持会议、与他人交谈等；对方与自己距离较远；对方所处环境不适合握手等。所以要把握好握手的时机，否则就是失礼的。

三、握手的规则

握手的基本规则是，当双方相距约1米时，双腿立正，上身稍向前倾，双目注视对方，微笑致意，伸出右手，四指自然并拢，拇指张开，掌心向左，握住对方手掌，上下晃动2~3下，时间以3秒左右为宜，并适当用力。同时根据场合使用适当的握手语，如"您好""认识您很高兴""欢迎"等。

具体双方握手的位置、力度和持续的时间，应根据场合、双方的关系、性别等因素决定。

1. 平等式握手　这是最为普通的握手方式，即施礼双方各自伸出右手，手掌垂直向下，双方掌心相对，四指并拢，虎口相握，目视对方与之右手相握，可以适当上下抖动以表示亲热。这种握手方式适用于同事之间、朋友之间、社会地位相等的人之间或与初次见面、交往不深的人相握。职场（政务和商务）公务活动，男女握手时一般不区分性别，所以一般采用平等式握手（图7-2）。

2. 捏手式握手　握手时不是虎口相握，而是握在对方手指部位。这种握手的方式一般用于社交场合中男士与女士、女士与女士相握（图7-3）。

图 7-2　平等式握手　　　　　　　　图 7-3　捏手式握手

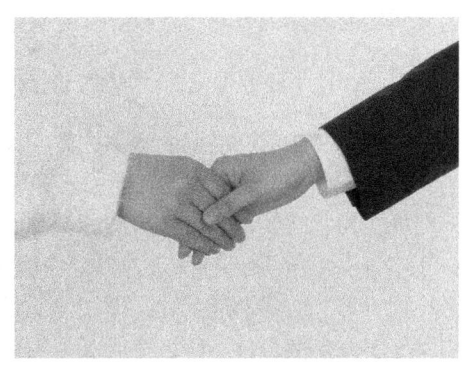

3. 双握式握手　目的是向对方传递出一种真挚、深厚的友好情感，有两种形式。

（1）主动握手者伸出右手与对方右手相握，再用左手握住对方右手的手背，这样对方的手就被握在主动握手者的双掌之间，故此种形式的握手也被称为手套式握手。

（2）主动握手者用右手握住对方的右手，左手移向对方的右臂。主动握手者左手进入对方的亲密区域，则显得更加亲切、温暖。

应该注意的是双握式握手只在情投意合和感情极为密切的人之间进行，不适合职场公务活动时的握手，也不适用于初次见面或男女之间。

四、握手的禁忌

在人际交往中，握手虽然司空见惯，看似寻常，但是由于它可被用来传递多种信息，因此在行握手礼时应努力做到合乎规范，并且注意避免违反以下失礼的禁忌：

1. 不要用左手与他人握手。
2. 不要在握手时戴着手套或墨镜，社交场合女士佩戴的薄纱礼仪手套及特殊场合中军人的礼仪手套等除外。
3. 不要在握手时将另外一只手插在衣服口袋里或拿着东西。
4. 不宜交叉握手，不要直接跨过正在握手的两人中间去握住另外一人的手。
5. 不要在握手时面无表情、缄默不言，或长篇大论、点头哈腰，过分客套。
6. 不要在握手时把对方的手拉过来、推过去，或者上下左右抖个没完。握手时为表示亲切，两手可上下摇摆，切勿左右摇摆。
7. 不要拒绝和别人握手，即使有手疾、汗湿或脏了，也要和对方说明一下"对不起，我的手现在不方便"，以免造成误会。
8. 不要坐着与他人握手，应采取站立姿势，老年人、病人等特殊情况除外。

以上是握手礼仪的基本要点，握手看似是一个简单的动作，但是在一定程度上决定着以后交往各个环节的成败，因此我们要用好握手礼仪，使我们的手握出经济效益和社会效益。

第3节 名片礼仪

名片是人的"第二身份证",是社会交往中一种自我介绍的媒介,也是私人交往的联谊卡,还有人说:"名片是人的一张脸"。所以在递交名片时,应该尊重别人的名片,选择恰当的时机,注重递交和接受名片的方法与礼仪。

一、递交名片

名片应事先放在自己易取的地方,以便及时取出。递交名片的时间应当根据具体情况而定,在适当的时机得体地交给对方。如果是事先有约,一般可在告辞时再递上名片。如果双方是偶然相遇,则可在相互问候得知对方有与你交往的意向时,再递交名片。

1. 递交名片的顺序　递交名片的顺序应遵守"尊者有优先知情权"的原则。面对职位高者、年长者、女士等,应主动递名片,即"位低者先递名片"。

如果与多人交换名片,应该遵循下列两个原则:

(1) 名片一定要准备充足,不要因名片不足而厚此薄彼。

(2) 发名片的顺序,一般由尊到卑,由近到远,或顺时针发送。若尊者在后面的位置,此时不要跳过前面的人先递给后面的尊者,应该按照顺序由近及远地递送,切勿采取"跳跃式"。

2. 递交名片的姿势　递交名片应双手递交,用拇指和食指捏住名片上端的两角,齐胸送出,名片的文字要正向对方,以便对方阅读。同时可以报上自己的姓名和所在单位,并使用敬语"请多指教""认识您很高兴""请多多关照""今后保持联系"等。递交名片时动作要大方、从容、自然,表情要亲切、谦恭。

3. 递交名片的禁忌　如与自己的公司领导一起参加一个会面仪式,记得"永远不要先于自己领导向对方公司递名片"。

二、接受名片

接受名片时,应起身用双手捧接,并表示感谢。接受名片者应首先认真地阅读名片上所印的内容,然后抬眼注视对方,说出对方的名字和职位,如"您是王经理,认识您很高兴!"等,以表示对赠送名片者的尊重,然后把名片细心地收好。接过名片后,如有不认识或读不准的字要虚心请教。千万不要在接过名片之后,漫不经心地用眼睛瞄一下便丢在一旁(图7-4)。

图7-4　递接名片

三、存放名片

接受名片后,应恭敬地放入名片夹中,也可放在上衣口袋里,但口袋不要因为放置名片而鼓起来。不可把名片放在裤袋、裙兜或钱夹里,那样是不礼貌的,因为名片是对方的"一张脸",要尊重对方的名片。

在参加交际活动后,应立即对所收到的他人名片进行整理收藏、分类管理,以方便今后联系。存放名片的分类方式有很多,如按姓名的字母顺序分类、按专业或部门分类和按地域分类等。我们也可以定期对名片进行整理,可以根据重要与次要的关系来处理这些名片,这样就会方便查找。

四、索取名片

在日常工作和交往过程中，向对方索取名片时可以采用以下方法：

1. 交易法　先把自己的名片递给对方，再向对方提议交换名片。

2. 明示法　当向某个您心目中非常尊敬的领导、教授等讨要名片时，可采用明示法："××领导、教授，见到您很高兴，听了您的讲话（讲座）受益匪浅，可以交换一下名片吗？"

3. 谦恭法　如向尊长索要名片时可以说："请问今后如何向您请教？"，如果他想给你名片，这时会很高兴地给你。

4. 联络法　对于平辈或晚辈可以用联络法，如"今后不知怎样与你联系比较方便？"

当别人向你索取名片而你又不想给对方时，不宜直截了当，应以委婉的方法表达。例如，"对不起，我忘了带名片"或者"实在抱歉，我的名片用完了"。 如果自己的名片真的没有带或是用完了，可以加一句"改日一定补上"，并且一定要言出必行。

课堂互动

会面礼仪练习，五人一组，练习介绍、握手、递接名片。

知识拓展

递接名片时外行的表现：
1. 无意识地玩弄对方的名片。
2. 把对方名片放入裤兜里。
3. 当场在对方名片上写备忘录。
4. 先于上司向客人递交名片。

小　　结

本章主要介绍了介绍礼仪、握手礼仪和名片礼仪。在介绍礼仪中叙述了第三方介绍礼仪和自我介绍礼仪；在握手礼仪中介绍了握手的顺序、握手的时机、握手的规则和握手的禁忌；在名片礼仪中介绍了递交名片礼仪、接受名片礼仪、存放名片礼仪和索取名片礼仪。

思考题

1. 自我介绍都有哪几种形式？
2. 握手的顺序是怎样的？
3. 递接名片时应注意哪些细节？

第 8 章 公务礼仪和会议礼仪

> **案例 8-1**
>
> 小杨刚刚参加工作不久,对公司的销售业务还比较陌生。公司规定业务员需经常亲自登门拜访重要的客户。由于临近年末,公司人手短缺,业务经理分身乏术,只好安排小杨也去拜访一些公司的重要客户。
>
> **想一想:** 如果你是小杨,在拜访公司的重要客户前,要准备哪些工作?在拜访过程中有哪些注意事项?

第 1 节 公务礼仪

公务礼仪是指在从事商务、政务和社交活动中,应当遵循的约定俗成合乎规范的礼仪程序、惯例和规则。公务礼仪主要包含接待礼仪、拜访礼仪及馈赠礼仪等。

一、接 待 礼 仪

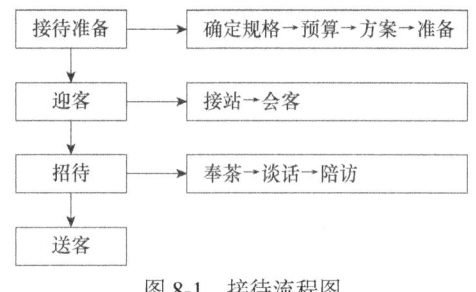

接待准备 → 确定规格 → 预算 → 方案 → 准备
迎客 → 接站 → 会客
招待 → 奉茶 → 谈话 → 陪访
送客

图 8-1 接待流程图

接待工作是商务、政务和社交活动中,主方对来访者进行迎接、接洽和招待的一系列活动,是表达主人对来访者的热情、尊重和友好的一种具体形式,是给来访者留下良好第一印象的重要环节,是双方进一步深入交往的重要基础。接待工作更是一项展示单位形象、彰显单位实力的活动,接待水平的高低一定程度上反映了单位整体工作水平的高低。接待工作主要包括接待的准备、迎客、招待和送行(图 8-1)。

(一)接待前的准备

1. **确定接待规格** 通常按照身份对等的原则来安排接待人员,在接到接待任务时,首先要了解客人的姓名、性别、职业、级别及来访的人数等基本信息,确定相应的己方接待规格;对于专业技术人员的来访,可安排身份相当、专业技术对口的己方人员出面迎送,避免因接待人员专业不对口出现交流不畅的情况;安排接待人员时需灵活掌握,有时可根据来访人员洽谈事务的重要性,安排比客人身份高的己方人员出面接待,这样能使来访人员感受到己方的诚意,起到事半功倍的效果。

2. **做好接待预算** 根据来访人数、确定的接待规格和单位的相关规定做好接待经费的预算。接待经费主要包含交通费用、食宿费用、游乐费用、赠送礼品费用等。预算费用应在保证不降低接待水平的前提下,尽可能节省开支。对于接待过程中出现接待预算超支的情况,需及时向领导报告,详细说明原因,申请增加经费。

3. **制定接待方案** 接到接待任务后应提前与来客沟通,了解客人的来访目的、来访人数,并认真确定来客到达的日期、时间,所乘车次、航班等信息。将上述信息汇报给相关部门制定接待方案。接待方案主要包括接待工作的组织分工、陪同人员和迎送人员名单、食宿地点、交通工具、活动方式及日程安排等。

4. **前期准备** 制定好接待方案后应及时通知己方接待人员做好各项准备工作。如果客人行

程有变,也应及时通知相关人员做出接待调整。接待工作的前期准备主要包括:

(1)根据接待方案,预订好相应宾馆或星级酒店。

(2)提前清洗迎宾车辆。

(3)设计并悬挂欢迎条幅。

(4)预先为客人准备好餐饮等相关服务。

(5)在来客到来之前布置好接待场所。接待场所应安静、整洁、优雅,并配有摆放整齐、整洁的沙发、茶几等相应的配套设施,在客人到达之前,提前打开空调,保证接待室冬暖夏凉。接待室是本单位的门面,必须认真布置,但也不必过于豪华。

(二)迎客礼仪

1. 接站礼仪　对于远道而来的客人,需安排好接站工作。接站人员和车辆需提前到达接站目的地,尽量不要出现让客人在车站或机场等待的情况。接站陌生客人时,可以提前制作好接站牌,以便客人辨认,必要时可为客人准备鲜花。

接站乘车时,要根据具体情况,按照乘车礼仪安排客人车内就座。具体参见第10章第3节乘车位次和乘机礼仪。

2. 会面礼仪　己方所有接待人员的穿戴需整洁、端庄、得体。当客人按预定的时间到达时,相应接待人员不应在接待室等候,需积极主动出门迎接,接到客人后,热情握手欢迎来客到访,并问候一句"一路辛苦了""欢迎您来到我们单位"等,然后向对方作自我介绍,引导客人到达会客室入座,主方安排相关人员担任介绍人,介绍双方认识。在与客人会谈过程中,无关人员应自动回避,服务人员可定时敲门进入,在不影响双方会谈的基础上倒茶续水热情服务,服务结束后应轻轻退出。

(三)招待礼仪

1. 奉茶礼仪　客人落座后,应为客人送上茶水及水果等,请客人品尝。若有点心,应在奉茶前先上些点心。在此期间应遵从相应的奉茶礼仪。

奉茶前需事先检查茶杯和托盘是否完整无损,残破或有裂纹的茶杯不能用来待客。茶具需事前清洗干净,冲茶之前用开水烫一下茶壶和茶杯,可给客人留下讲究卫生、彬彬有礼的好印象。泡茶时可先征求客人饮茶的习惯,了解客人喜欢常见四种茶叶绿茶、红茶、乌龙茶及花茶中的哪一类,以及喝浓茶还是淡茶的习惯,按照客人的喜好冲茶。冲茶需要注意的是第一遍泡的茶水是用来洗茶和醒茶的,以便去除茶叶里面的农药残留及生产运输过程中的尘土杂质。倒掉第一遍的茶水后再次冲的茶水才能给客人敬茶。

若是在会客厅外准备好的茶水,进入招待客人的房间前,应先敲门说声"对不起,打搅了",然后双手端着茶盘进入会客厅。进入房间后先将托盘放置在空闲桌子一端,将茶杯按顺序摆放。上茶顺序为先客人,后主人;先女士,后男士;先长辈,后晚辈;先上级,后下级。上茶时,正确的做法是,左手托底,右手拿着茶杯杯耳,从客人的右后侧双手将茶杯递上去,杯耳转向客人右手边,同时说"您请用茶"(图8-2)。会客厅若为沙发座,女性奉茶时,应采用高低式蹲姿双手将茶杯递上去,杯耳朝向客人,续水也采用高低式蹲姿。奉茶过程中不能用一只手上茶,尤其不能用左手,手指不要接触杯口,茶不宜过满,以杯的2/3处为宜(图8-3),当客人喝过几口茶后,在不妨碍宾客交谈过程时上前续水,绝不可以让其杯中见底。正确的续杯倒茶方法为用左手小指和无名指夹住杯盖,掀开杯盖,在左手夹住杯盖的同时拿起茶杯倒入茶水,注意不要倒太满,然后轻轻地放回原处,盖上茶杯盖。整个过程不要把杯盖扣在桌面上也尽量不要弄出声响,防止影响会谈。若公司使用一次性纸杯招待客人,在倒

茶前最好使用杯套，防止烫伤客人。

图 8-2　奉茶礼仪　　　　　图 8-3　合适的茶杯水位

2. 谈话礼仪　会谈过程中接待人员需做到谈话时态度诚恳、表情自然、语气和蔼可亲，切勿逢场作戏、虚情假意、敷衍了事，要善于聆听对方谈话，不轻易打断别人的发言。谈话过程中一般不提与谈话内容无关的问题。

谈话过程中应避免涉及个人隐私、疾病、荒诞离奇、耸人听闻、庸俗低级的话题。如果对方谈到一些不便谈论的问题，不要轻易表态，可转移话题。在相互交谈过程中，应目视对方，以表示专心。谈话过程中需处处体现出对对方的尊重，尽量使用礼貌用语，不可盛气凌人、自以为是、唯我独尊。谈话过程中切忌用手指指人，也不要唾沫四溅。谈话过程中如遇到急事需暂停谈话，应该向对方打招呼，说明情况，表示歉意。

3. 陪访礼仪　结合客人来访目的、客人意愿和兴趣等，进行陪访项目选定安排。陪访项目确定之后，应做出详细计划。陪访计划主要包括参观的先后顺序、中间引导方法、景点如何衔接等，需提前向接待单位交待清楚。对于大型的、重要的、复杂的参观活动，要特别注意以下几点：精心选择参观地点；反复预看路线，计算好途中使用时间、参观使用时间和介绍使用时间，确保用最少的时间，看最多的参观点；确定好联系人、联系电话及介绍人；安排好沿途解说人和解说词；密切关注参观过程，及时发现问题并妥善解决；适时根据参观行程变化，做出适应性调整；参观过程中要注意保证客人的安全。

（四）送行礼仪

送行是接待工作的最后一个步骤，也是非常关键的一个环节，需精心准备。客人告辞时，需婉言相留，若客人执意要走，需等客人起身告辞时，接待人员再站起来相送。

送行时应按照接待时的规格进行送别，做好交通安排，对于远道的客人，需提前购买好返程的车船票或机票，安排车辆将客人提前送至车站或飞机场，并为客人准备一些返程中的食品，如水果、糕点等。对于近道的客人，主要领导人送客时，要视客人的重要程度而定，对于一般的客人，楼层高的送至电梯口，楼层低的送至大门口，有车时送到车离去。对于重要的客人无论楼层高还是低都应送到大门口或车门口，目送车离去。

道别时，要等客人先伸出手握别时，方可伸手握别，不可在送客时抢先伸手握别。送客要等火车开动、飞机起飞或轮船起航后再离开（图 8-4）。

图 8-4　送客礼仪

总之，整个接待过程都要精心准备安排，务必使对方感到接待方的热情、诚恳、礼貌和修养，给客人留下一个良好的印象。

二、拜 访 礼 仪

拜访又称拜会，是指前往他人的工作单位或住所会晤或探望对方，面对面地进行接触与沟通，是人们在公务和社交活动中常见的一种交际方式。恰当的相互拜访和礼品馈赠有助于双方建立良好关系，拉近双方距离，增进双方友谊，促进双方进一步持续深入合作。因此，应该把拜访作为必要的社交活动，予以重视，使拜访成为经常性的活动，不要仅在有求于人时才想到拜访，给人造成一种"无事不登三宝殿"的感觉。无论何种拜访，都应该在时间选择、衣着修饰、言谈举止等方面遵从一定的礼仪规范。

1．选择拜访时间　拜访时间的选择非常重要，一般而言，到对方单位拜访最好避开周一上午，因为周一上午是单位里面召开例会最忙的一天，如果是到对方家中拜访，最好选择在节假日前夕。

另外登门拜访时间最好避开用餐时间，除非对方请你赴宴。中午午休时间和 22：00 以后也不宜登门拜访，避免打扰对方休息。

2．拜访前的预约　每个人都不欢迎不速之客，同样我们应避免成为不速之客。拜访前应提前预约，预约方式最常见的是电话预约或通过电子邮件提前预约，将本次拜访的目的及拜访人数提前告诉对方，让对方有所安排和准备。若对方在你预定的拜访时间内早已另有安排，应主动表达歉意，可在电话中真诚地征求拜访对象的意见，商讨另外的时间进行拜访，这样对方感动之余也会尽早考虑安排你的访问。

若因事情紧急或无法预约不得不做不速之客时，在见面时应先道歉，解释清楚，求得对方的谅解。

3．礼貌拜访　应该在约定好的拜访时间点准时到达或略微提前一点到达拜访地点，无故爽约或迟到是严重的失礼行为。万一因故不能准时拜访，务必提前通知对方，并真诚地向对方道歉，根据对方的意见将拜访时间推迟或改期。

拜访期间注意仪表、仪容，穿着要求整齐大方、干净整洁。如果是正式的公务拜访，无论男性还是女性，都应着职业正装，女性还应化淡妆。

进门前不管对方门是紧闭的还是虚掩的都应该先轻轻敲门，在得到对方允许后才可以进入房间。若房间装有门铃，可以轻轻按一下门铃通知对方，隔一段时间若无人回应时再轻按一下。在已获得对方回应开门前，切忌再按门铃，让门铃响个不停。

见到拜访对象时先向对方问候，若屋内还有其他人时也需向其点头问好，不要冷落屋内任何人。如果是第一次见面，应主动递上名片或作自我介绍。对方让座后，先说声"谢谢"，一般等主人坐下后再采用标准的坐姿坐下，切勿自作主张首先落座。接受对方的敬茶时应起身双手接过，并道谢，如果茶水太热，可将其轻轻放置身前，将杯盖揭开，盖口朝上放置一旁，切忌边吹边喝，不要一饮而尽或啜出响声。拜访期间抽烟时应将烟灰弹入烟灰缸内，烟头一定掐灭后再放入烟灰缸内，若拜访对象没有吸烟的习惯，尽量不要在拜访期间吸烟。拜访期间不要随意起立走动，乱翻对方东西，不要随意推开房间内任何一扇关闭的门。

见面寒暄之后，应尽快切入主题，说明来意。谈话期间语言要表达准确，切勿夸夸其谈。进行工作磋商时，对有把握的事情可自信允诺，若无把握，不可轻易表态，可向对方说明情况回去请示后再给予回复。与对方意见相左时，不要争论不休。

4. 适时告辞　拜访时间不宜过长，一般以1小时为宜。初次拜会，则不宜超过半小时。当谈完所有议题后，作为客人，要注意观察接待者的举止表情，当接待者有不耐烦或反复看手表或挂钟时，应起身告辞。当主人提出"再坐坐"时，往往也只是礼貌性的客套话。谈完议题后当遇到主人有另外的客人来访时，也应当起身告辞。

起身告辞时，要向主人致谢。出门后，再回身主动伸手与主人握别，并说"请留步"。待主人留步后，走几步，再回头挥手致意并道再见。

三、馈赠礼仪

中国有句古语："千里送鹅毛，礼轻情意重"，表示礼物的价值在于送礼者的善意和心意，而不是礼物本身的价值。各类社交活动中相互馈赠礼品，有利于促进双方友好关系的发展。

1. 馈赠时机　常见的几类馈赠时机有春节、中秋节等传统节日，对方的生日、周年纪念、公司庆典等喜庆之日及酬谢他人或接风送行时等。值得注意的一点是生日礼物、周年贺礼、公司庆典等情况的礼品馈赠，最好是在当日赠送。

2. 馈赠地点　从礼节上讲，只有鲜花、贺卡、书籍、锦旗、牌匾等高雅、大方的礼物适宜在对方的办公场所当众赠送，在表达心意的同时可使受礼者得到充分的尊重。其他物品不适宜在公开场合赠送，因为容易引起误解，有损受礼者形象，让受礼者陷入难堪，这类礼物的馈赠只适合在私下的场合赠送，不然只会适得其反，引起受礼者的反感。

3. 礼品选择　馈赠礼仪中最重要的莫过于礼品的选择了，送到对方心坎里的礼物可对双方的关系起到润滑剂的作用。因此挑选礼物前需要做足一定的功课，充分了解对方的身份、地位、家庭及兴趣爱好等基本情况，有时还需考虑对方的风俗习惯及宗教信仰，根据对方的综合情况考虑挑选实惠性、纪念性、精巧性、趣味性等不同类型的礼物。除了常见的烟、酒、茶、点心、水果、鲜花、工艺品、纪念册、书籍等礼品外，有时选择具有地方特色的公司纪念产品更受对方欢迎。也可以考虑准备一些目前比较流行的养生产品及绿色纯天然有机农副产品等。

挑选的礼物最好精心包装一下，包装过的礼品显得更美观、大方、脱俗，除了提升礼物档次外，还能表达你的诚意，也可避免受礼者的尴尬。礼品挑选后还需检查处理一下价格标签，去除价格标签后再包装。包装完毕后，可以写一张包含祝词和签名的卡片，一方面表达自己的诚意，另一方面也方便受礼者清点礼品。

赠送礼品时要亲自赠送，赠礼时态度谦恭、举止大方、双手将礼物递给对方，简明扼要地说明一下送礼的原因及礼品的寓意，尽量做到让受礼者欣然接受礼品（图8-5）。

4. 受赠礼仪　面带微笑双手接过礼物，将礼物置于左手后，腾出右手与赠送人握手致谢。

不同于西方欧美国家的风俗，国内不习惯当着送礼者拆开礼品。但是否当面拆礼品，需视情况而定。如果是收到贺卡、锦旗、牌匾等礼物或者是与赠送者关系亲密情况下，或者对方主动提醒打开看看的时候，以及收到国外朋友赠送的礼品时，可当众拆开礼物欣赏并赞扬对方的心意。

礼尚往来，是人之常情，接受别人礼品后，应铭记在心，在适当的时候，向对方礼貌地还礼。还礼的时间不能过早，让对方有等价交换或划清界限的误解，选择还礼的时间主要有节假日、对方喜庆日或此后的登门拜访之时。还礼不是还债，选择还礼的形式要得体。

图 8-5　赠送礼品礼仪

案例 8-2

鲁铎贺寿

明朝时期内阁首辅大臣李东阳过生日，门生赵永、鲁铎二人相约前往，为李阁老贺寿。但是赵永、鲁铎二人都是有名的清官，家无余财，拿不出什么像样的礼物。踌躇半晌，鲁铎想起自己家里有别人送的干鱼一条，便向厨房询问，结果发现干鱼已经被吃掉一半。仓促之间，两人干脆就带着这半条干鱼去祝寿。李阁老也不嫌弃，三人"煮鱼沽酒"，欢饮一场而散。

案例点评： 古语云"千里送鹅毛，礼轻情意重"，重要的是心意，哪怕一片鹅毛，半条干鱼，也显得弥足珍贵。

5. 拒赠礼仪　当不熟的朋友赠送昂贵礼品或者存在违规、违纪等不能收受礼品的情况下，应当拒收礼品。拒收礼品也需做到友好、礼貌地拒绝。首先向对方表达谢意，再向对方解释清楚拒收礼品的原因，礼品尽量当面退回，不得已时也可事后归还。

知识拓展　　　　　　　　　　讲究的礼品

国内生日礼品一般不送钟表，有"送终"之意；印度及尼泊尔等信仰印度教的人士，对牛敬重，因此与牛相关的礼品如牛皮包、牛皮带等禁止赠送；日本人忌讳数字"4"和"9"，他们也不会当面打开礼物；欧美人送礼过重会认为有贿赂嫌疑，且忌讳数字"13"；英国人对有公司标记的礼品普遍不欣赏；巴西、秘鲁等国家忌讳刀剑之类的礼品，有断绝往来之嫌；阿拉伯国家等信仰伊斯兰教者禁酒和猪肉及其制品，不能给阿拉伯人送洋娃娃及带有仕女等形象的礼品，也不能将礼品直接送给对方妻子；俄罗斯人忌讳把礼物送到办公室或会议室，也不宜给俄罗斯人直接送现金。

第2节　会务礼仪

会务礼仪主要指主办会议或参加洽谈会、展览会、订货会等常见的商务会议的礼仪规范。掌握好会务礼仪可避免在商务会议上失礼于人，为个人及单位树立信誉，顺利达到举办会议的目的。

成功的商务会议离不开会前大量细致的精心准备，会议组织者应该紧密围绕着会议的主题，逐一落实会议的规模、时间、地点、议程等。会务礼仪主要包括会务工作礼仪和参会礼仪。

一、会务工作礼仪

（一）会务筹备

1. 确定会议主题　会议主题是整个会议的中心，所有的会议内容都是围绕会议主题展开的。

会议主题的确定应当反复斟酌讨论后确定。

2. 确定会议规模　根据会议的内容或主题，本着精简效能的原则，确定会议的规模。大、中型的会议，往往需要成立专门的会务筹备小组，明确小组成员的职责，小组成员分工明确，通力协作才能做好会务的各项筹备工作。

3. 确定会议时间与会期　会议会期的长短应与会议内容相符合，会议时间的确定应考虑主要领导的时间安排，并及时与各主要参会方沟通确定会议时间。另外一般情况下不安排在节假日举行会议。

4. 确定会议地点　根据会议的规模和会议内容等要求来确定会议地点，大型的会议一般准备几个候选名单并实地考察后提交给筹备小组讨论后作出决定。

5. 确定与会者名单　根据会议的性质、议题及会议任务来确定参会人员。

6. 安排会议议程　会议议程是指会议期间的具体安排，是会议需要遵循的程序。包含了会议议事的程序和列入会议的各项议题。会议议程应当简明扼要，一目了然，以序号将会议过程清晰地表达出来，并合理分配各项议案或议题的时间，重要的议题列在整个议程的前面，且留出足够的时间用于讨论。议程的目的在于提醒与会者，应该提前交予与会者。

7. 制发会议公函或通知　会议公函或会议通知包含的内容有会议名称、时间、地点、与会人员、议题、食宿安排及联系方式等。会议通知的发送方式有书面、电话、电子邮件等方式。会议通知一定要简明扼要，一般采取条款式行文，使被通知者一目了然，便于遵照执行。会议通知需提前送达或邮递到与会者手中，使参加会议人员有足够的准备时间。会议通知发出后，还要跟踪落实，确保参会人员收到会议通知，并按时参加会议。

8. 准备会议所需设备　会议所需设备主要包括文具、桌椅、桌签、茶具、音响设备、照明、空调、投影仪等。会议上的茶水饮料最好用矿泉水，因为每个人的口味都不一样，有的人喜欢喝茶，有的人喜欢喝饮料，还有的人喜欢喝咖啡，所以如果没有特别的要求，矿泉水是最能让每个人都接受的选择。除了上述设备物品外，有时还需准备特殊用品如谈判会议、庆典会议、展览会议等所需的特殊用品及设备。

9. 准备会议文件材料及证件　会议文件资料主要包括会议议程表、会议座位分区表、主席台及会场座次表、主题报告、领导讲话稿、其他发言材料、开幕词和闭幕词及其他会议材料等。

会议证件主要包括代表证、出席证、列席证、工作证、出入证等，证件内容应包含会议名称、与会者单位、姓名、职务等并加盖印章。大型会议的会议材料比较多的时候可以提前订制手提袋，手提袋可以印刷会议名称、主办单位等相关信息。将会议所需文件资料事先装在手提袋里，在与会人员报到时分发到每个与会者手中。

10. 会场布置　会场的布置包括音响、照明、投影、摄像、录音、空调、通风设施和多媒体等设备的调试，各类会议资料、文具、茶具等摆放，会议条幅的悬挂，主席台的布置，座次排定，桌签摆放，会议指示标志的安放等。座次的排定根据会议类型而定，具体参照第10章第5节。

案例8-3　万达集团的会务手册

如果你有幸获得一本万达集团会议会务手册，即使你不是组织活动人员出身，参照着万达的会务手册，组织其他的会议会务，基本上也能得心应手。万达集团的会议会务手册，非常注重细节，除了详尽的参会流程、参会人员、会议主题、会议议程等内容外，还详细记载了参会人员每场会议的参会座位，出席会议需要穿的服装，会后就餐的餐厅，餐厅座位及参会当天的天气预报等。

案例点评： 一个企业的成功离不开良好的管理，正所谓"管中窥豹，可见一斑"，从一本简单的会务手册，我们就能了解一个企业的管理水准。

（二）会议期间

1. 报到及接待　会议正式开始前组织者应设立签到处，安排与会人员报到时签到。会议通常使用签到簿。与会人员在签到簿上签名并注明单位、职务等。重要会议可以使用签到卡，与会人员在卡上签名后，在入口处把签到卡交给工作人员。签到工作结束后，工作人员应及时将签到结果汇总，并向会议负责人通报。

2. 会议记录　会议记录是对会议发言内容进行的文字记录，凡重要会议，应以手写笔记、电脑录入、录音、录像等方式进行现场记录。会议记录需包含会议名称、出席人数、时间地点、发言内容、讨论事项、临时决议、表决结果等基本内容，会议记录力求完整、准确、清晰。

3. 会议简报　一些重要会议在会议期间要编写会议简报，及时反映会议情况。简报一般分为标题、导语、主体、结尾四部分。编写简报讲求时效，要求准确无误，且文字精练。视其内容，简报可发给全体与会者或只发给与会领导。

4. 例行服务　会议的组织方在整个会议期间，除了上述会议服务外还应当为与会人员做好一系列的其他服务工作，这些服务工作主要包括以下几点。

（1）安排迎送接待：大、中型的会议，应安排专人负责迎接、引导与会人员参会。

（2）安排食宿：会期较长的会议，一般由会务组安排食宿。食宿安排应在会议通知中提前写明。安排会餐等活动，届时应有专门人员进行组织。对于外来与会者在食、宿、交通等方面的要求，提前安排解决。

（3）安排活动：如果会期较长，会务组可安排与会人员参加一些娱乐活动，以调节会议气氛。

（4）安全保卫：一些重要会议，需安排足够的安保人员做好身份查证、文件管理、防火、防破坏等工作。

（5）其他后勤保障：如准备一些常备药品等，总之会议举办前需拟定各种突发情况的应对计划，以保障会议的顺利召开。

（三）会后会务工作

1. 安排与会人员返程　大型会议结束后，主办单位应为外来的与会人员提供返程的便利，如订购机（车、船）票、送站等。重要嘉宾离开时，可安排专人送行。

2. 撰写会议纪要　会议结束后需及时整理会议记录，撰写会议纪要形成文件。这些文件包括会议纪要、会议决议等，要尽快完成，会议结束后及时下发。还需按照工作需要和保密规定，对与会议有关的一切图文、声像材料进行细致的收集与整理，及时做好材料的汇总、存档、回收或销毁工作。

3. 会议宣传报道　重要会议需提前邀请记者到会。筹备小组应提前与记者联络，邀请记者参会并向其提出宣传会议精神的要求和建议。新闻稿应力求及时、准确，发稿前应送领导审核，以免出差错。

4. 会议总结及成果落实　会议结束后需及时进行会议总结并做好会议成果的各项落实工作。

二、参会礼仪

（一）主持人礼仪

主持人须着装整洁，稳重大方，精神饱满，切忌不修边幅，蓬头垢面。走上主席台时，步伐稳健有力。站立主持时，女士双腿并拢，男士双腿自然分开与肩同宽，腰背挺直。持稿发言时，右手持稿纸的底部，左手五指并拢自然下垂；双手持稿时，两手与胸齐平。坐着主持时，应上身挺直，双臂前伸，两手轻按于桌沿。主持过程中，切忌出现搔头、揉眼、摸耳朵、抖腿等不雅动作。

主持人在会前要有充分的准备，了解会议的主题、议程、与会者的情况等信息，进行必要的调查，掌握情况，收集资料。提前准备好主持词。整场会议主持过程中需做到发言时口齿清楚、思维敏捷、表述简明扼要。主持过程中遇到突发情况，需沉着冷静，并随机应变，妥善处理各种问题（图 8-6）。

图 8-6　主持人礼仪

（二）发言礼仪

会议发言通常分为正式发言和自由发言两种：

1. **正式发言**　一般是领导报告或报告发言。发言人员需衣冠整齐，神情自若。走向发言席位时，则应步态自然，体现自信、风度与气质，切忌小跑。上台后注意调节话筒的位置。发言前，如果会场掌声响起，可鼓掌答礼，待掌声落下，再开始发言。书面发言时，在发言台应双手持稿，使用普通话并控制好语音语速，口齿清晰。若无发言台，则既可双手持稿，亦可单手持稿，另一手臂自然下垂，发言时应不时抬头扫视会场，不能低头读稿，旁若无人。发言内容应简明扼要，条理清晰。发言完毕，应对听众的倾听表示谢意。

2. **自由发言**　多为讨论发言或提问发言，发言时遵守秩序，先举手示意，拿到话筒或得到许可后再发言。发言应简短，观点明确，紧扣主题。

讨论过程中与他人有分歧时，应以理服人，态度平和，听从主持人的指挥，不能只顾自己。如果有会议参加者对发言人提问，应礼貌作答，对不能回答的问题，应机智而礼貌地说明理由，对提问人的批评和意见应认真听取，即使提问者的批评是错误的，也不应失态。

课堂互动

请各位同学两人一组相互练习一下自由发言的礼仪。

（三）与会人员礼仪

对于参加会议的一般人员，应准时到会，进出有序，按规定落座，遵守会议纪律。参加会议前，参会者应做一些适当的准备，要事先了解会议的议题、议程及其他参会者的情况，按会议的要求准备有关材料或做好发言准备。开会前，如果临时有事不能出席，必须及时通知主办方。

出席会议时的着装不必过于华丽，也不能太随便，应与会议的气氛、其他人的衣着和季节相协调。落座后，坐姿要优雅，避免做不雅的小动作。会议进行期间不要随意走动，若中途要离开会场，则应轻手轻脚，不要影响他人。听取别人发言或报告时，应认真倾听，不要私下小声说话或交头接耳，注意做好记录。发言人讲话告一段落或结束时，应鼓掌致意。参会期间，所有与会者应关闭手机或使其处于震动、静音状态，一般情况下不要接听电话。若为重要电话非接不可，则应离席，走出会场后再接听电话，以免影响会场秩序。

知识拓展　　　　　常见的商务信函格式

商务信函是传达信息、交流思想、增进感情的重要工具，一般包含标题、称谓、正文、落款、附件等五个部分。标题位于信函首页上方，居中书写，概括函件主旨，让收件人一目了然地明白信函的主要内容。称谓写在标题之下，单独占一行、顶格书写，称呼后用冒号，注意收信方是公司或单位时需写全称。正文包含发函的事由、发函的事项及对方的要求或希望。落款在正文之后另起一行右下方书写，落款包含姓名或公司名称和日期。日期写在署名的正下方，需写清楚具体的年月日。署名需亲手签名，署名为公司的需加盖公章。附件是信函的补充材料，随信函一起发送，并在正文左下方空两格标注"附件：×××"，如"附件：产品调查表10份"。常见的几类商务信函格式如下：

1. 邀请函

邀请函

尊敬的×××先生（女士）：

　　为感谢您及贵单位对我们长期以来的支持和厚爱，我们公司于××××年××月××日18：00在××酒店3楼会议大厅举办客户答谢会，诚邀您参加。期待着您的光临。

您的朋友：×××
××××年××月××日

---

2. 感谢信

感谢信

尊敬的×××先生（女士）：

　　感谢您和贵酒店的同事在我们举办的×××会议期间帮助我们提前布置会场，积极协调各方参会人员，帮助我们圆满完成各项会程。感谢你们在工作中一丝不苟的工作态度和令人敬佩的敬业精神。

　　再次感谢贵方对我公司此次大会的支持和帮助，真诚期待下次合作。

×××公司
××××年××月××日

---

3. 祝贺信

祝贺信

××××公司：

　　值此贵公司成立五周年之际，谨致热烈祝贺。祝贵公司事业蒸蒸日上，继续开创新的纪元。愿贵我双方真诚合作，共谋发展。

×××
××××年××月××日

小　　结

本章主要介绍了公务礼仪和会务礼仪。在公务礼仪中介绍了接待礼仪、拜访礼仪及馈赠礼仪等内容；在会务礼仪中介绍了会务工作礼仪和参会礼仪等内容。

思　考　题

1. 下个月某考察团将要访问你的工作单位，领导安排你负责接待工作，你应该如何计划接待流程？

2. 公司计划一个月后去拜访一个重要企业，请问如何做好拜访前的准备工作？

3. 叔叔家的弟弟，考上了国内一所著名大学，其家人邀请你参加庆贺宴会，怎样参加宴会才不会失礼于人？

第9章 办公室礼仪

办公室礼仪,是指人们在办公场所中应当遵循的一系列礼仪规范。了解掌握并恰当地应用办公室礼仪有助于与人沟通和交流,在职场中赢得别人的尊重,能够完善和维护职场人的职业形象,使你在工作中左右逢源,事业蒸蒸日上。

第1节 办公环境礼仪

> **案例 9-1**
>
> 某药厂与外商达成了出口阿司匹林原料药的协议,洽谈结束,由药厂的王厂长陪同外商参观厂区时,在办公楼门口发现有一处很明显的痰迹。回国后外商通过翻译寄给王厂长一封信:"恕我直言,一个企业的办公环境反映了一个企业的管理水平。况且,我们今后要生产的是用来治病的药品。贵国有句谚语:人命关天!请原谅我不能签订合同……"
>
> **想一想:** 分析一下办公环境对企业的重要性。

办公环境的好坏直接决定着公司的形象,体现了整个公司的整体精神及做事风格,要做成功的企业必须重视办公环境礼仪。

一、办公环境的布置

对于上班族来说,经常在办公室一待就是一天时间,办公环境的好坏至关重要。一个好的办公环境能带给员工好的心情,带给员工积极稳定的情绪,带给员工丰富的创意思维,因此随着现代化进程的加快,办公环境不断改善,企业也越来越重视办公环境的布置。

首先,办公环境要保持空气清新,才能让人心情放松,工作效率提高。建议在办公室内摆放一些绿色的植物,绿植不但可以让人心情舒畅,还可以吸收电脑辐射,对人体健康是非常有利的。特别是在一些相对封闭的办公环境中,员工长期面对电脑或单调的摆设,容易产生疲惫感甚至厌倦的情绪,如果能在室内摆放些花草等绿色植物,不仅能调节视线、缓解眼睛及身体的疲劳,还能调节心情,让人及时释放工作的压力。

其次,办公环境的设计要高雅、宁静,要特别注意色彩的选择。办公室的布置既不要充满喜庆感,也不要布置得太压抑,可以装饰些风景画、盆景、字画、照片或企业徽标等,总之要庄重、整洁,体现出浓厚的企业文化。

最后,办公环境的采光要尽可能合理。若办公室设置在光线阴暗潮湿的地方,即使给予再多的工资待遇,估计也很少有人愿意待下去(图9-1)。

二、办公环境的卫生

办公环境要注意保持整洁,这是最起码的要求。办公室内每一位工作人员都要讲究卫生,不可随地吐痰,乱扔垃圾。不同的办公区域卫生要求不同。

(一)公共办公区

不要在公共办公区吸烟、聊天、大声喧哗;禁止在公共办公家具和公共设施上乱写、乱画、乱贴,保持卫生间清洁;在指定区域内停放车辆;节约水电,饮水时,如不是接待来宾,应使用个人的水杯，减少一次性水杯的浪费；不得擅自带外来人员进入办公区；会谈和接待安排在洽谈区域；最后离开办公区的人员应关水电、门窗及室内总闸。

图 9-1 办公环境

（二）个人办公区

要保持办公桌清洁，办公物品摆放合理，非办公用品不外露，桌面码放整齐；当有事离开自己的办公座位时，应将座椅推回办公桌内；下班离开办公室前，应该关闭所用机器的电源，将台面的物品归位，锁好贵重物品和重要文件。

三、办公心理环境

办公环境除了外在可见的环境，还有很重要的一部分就是办公心理环境，这是被很多企业忽视的部分。

日常工作中，办公室的人际关系是否融洽、工作的幸福指数是否高是很重要的内在环境，有时内在环境比外在环境更能影响工作效率和工作的积极性。因此，单位领导应该主动关心、爱护员工，适当的组织文体娱乐、旅游等活动，这样既能丰富企业文化，又能及时释放员工的不良情绪。另外，有条件的企业可以定期组织心理讲座，引导员工以积极健康的方式考虑问题，提高员工的综合素质，创造和谐的办公室氛围。

课堂互动

1. 请问办公环境主要包括哪几方面？
2. 将来就业时同学们侧重选择外在环境还是内在环境有优势的单位？

第 2 节　办公室礼仪

案例 9-2

王梅和张怡都是公司的骨干，两人业绩都很出色，很得上司赏识。只是漂亮的王梅有点看不起相貌平平的张怡，平时的言行也有些张狂，她喜欢把张怡的一些小失误夸大后散播成小道消息，而张怡却故作不知，一副无所谓的样子。一次张怡陪同上司到上海出差，途中两人谈工作、谈趣闻，很是投机。上司有意将话题引到对别人的看法上，他发现张怡的着眼点总在他人的长处，基本不涉及别人的不足，当谈到王梅时，张怡只不过淡淡说了一句"她的口才很好"。与王梅的搬弄是非相比，张怡的宽容、大度让上司对她非常欣赏，更增添了几分好感。

想一想： 根据以上案例，请你分析与同事相处时应该遵循的原则，如何赢得别人的尊重？

办公室是一个处理单位业务的场所，办公室礼仪不仅体现了对同事的尊重和对公司文化的认同，更能让职员赢得大多数人的好感，尽快融入其中，营造良好的人际关系，使得职业生活愉快并且富有效率。

一、仪表礼仪

办公室人员要注意仪表，头发要经常清洗，无异味，无头皮屑；指甲不能太长，应注意经常修剪，女职员涂指甲油要尽量用淡色；女职员要化淡妆上岗，男士不能留胡须，胡须还要经常修剪；口腔保持清洁，上班前禁止喝酒或吃有异味食品；服装应整洁，淡雅得体，不必追求过分修饰，服饰要与之协调，以体现精明强干为宜。

二、举止礼仪

（一）办公坐姿

上班应精神饱满，表情自然，目光平视前方或注视交谈对象；身体端正舒展，重心垂直向下或稍向前倾，腰背挺直，臀部占椅面的 2/3，双膝并拢或微微分开，双脚并齐（图 9-2）。

图 9-2 办公坐姿

（二）站姿

两脚脚跟着地，腰背挺直，抬头，两臂自然下垂，不耸肩，身体重心在两脚中间。会见客户或出席仪式站立的场合，或在长辈、上级面前，不得把双手交叉抱在胸前。

（三）握手

握手时用普通站姿，并目视对方眼睛，脊背挺直，不弯腰低头，态度大方热情，不卑不亢。握手的顺序一般讲究"尊者决定"，即待女士、职位高者伸出手之后，男士、职位低者方可伸手去呼应。男士同女士握手时，一般只轻握对方的手指部分，不宜握得太紧太久。

（四）递交物件

递交物件时，如递文件等，文件要正面朝上、文字对着对方易于阅读的方向递上去；如是钢笔，要把笔尖指向自己，使对方容易接着；至于刀子或剪刀等利器，应使刀尖指向着自己。

（五）语言交流

办公时间不能大声笑谈，交流问题应起身走近，音量以不影响他人为宜；发表见解不要跟在别人后面人云亦云，要学会发出自己的声音，敢于说出自己的想法；不要把办公室当成诉说心事的地方，当你的生活出现个人危机如失恋、婚变之类，最好不要在办公室里随便找人倾诉，当然如果对老板、同事有看法，更不应该在办公室里向人袒露心迹。

（六）进出办公室

进出办公室，应用手轻推、轻拉、轻关，态度谦和；进他人的办公室一定要先敲门，敲门时一般用食指有节奏地敲两三下即可，听到应答后再进入；进入房间后，如对方正在讲话，要稍等静候，不要中途插话，如有急事要打断说话，也要看准机会，而且要说："对不起，打断您的谈话。"

（七）走廊

走通道、走廊时要放轻脚步；无论在自己的公司，还是被访问的公司，在通道和走廊里都不能一边走一边大声说话，更不得唱歌或吹口哨等；在通道、走廊里遇到上司或客户要礼让，不能抢行。

（八）其他

当他人输入密码时自觉将视线移开；不翻看不属于自己负责范围内的材料及保密信息。

三、电话礼仪

电话是现代社会沟通交流过程中使用最普遍的一种通信工具。电话沟通是仅次于面对面沟通的一种有效沟通渠道。因此，掌握正确的电话沟通礼仪和技巧是十分必要的。

（一）接听电话礼仪

1. 准备记录工具　平时办公桌前要随时备好便笺纸、笔等记录工具，方便留言记录，避免临用时四处翻找，让对方在电话里长时间等待，耽误双方时间。

2. 端正坐姿　接听电话时要端正坐姿，姿态端正会使你的声音清晰、精神饱满，对方虽然看不到你的姿态，但是能感觉到你的"姿态"和精神面貌，不端正的姿势，对方会感觉到你的懈怠。

3. 接听电话　在电话响起三声内接起电话，第一印象至关重要，且很难改变，要面带微笑说出重要的第一声（图9-3）。详见第12章第4节电话沟通礼仪。

4. 结束通话　一般由来电话的一方或者通话双方中的尊者提出结束交谈。结束通话前我们要感谢对方来电，并礼貌地说再见，等待对方先挂电话后，自己再挂电话。

（二）转接或代听电话

当来电是找其他同事或领导时，应礼貌地让对方稍等，并说："请您稍等，我帮您转接过去。"详见第12章第4节电话沟通礼仪。

图9-3　接听电话

（三）拨打电话礼仪

1. 拨打电话要选择适当的时间，应尽量避开工作繁忙时段和休息时段，特殊情况除外。详见第12章第4节电话沟通礼仪。

2. 通话前的准备　通话前可适当罗列通话提纲或注意事项，做到有备无患，防止遗漏通话内容。

（四）手机使用礼仪

详见第12章第4节四、手机使用礼仪。

> **课堂互动**
> 1. 如果你是一名办公室职员，代接了找领导的电话，而领导又不愿接，你怎么办？
> 2. 说说接听电话的主要礼仪。

四、开关门礼仪

如是拉门，前边的人要为后面的人拉着门；假如不是拉门，最后进来者应主动关门，关门时应注意身后是否有人；推、拉门时如后面有人跟近，一定不要马上松手，应等对方能够将门扶住时才松手，以免门自动回关，伤到他人。

如果前面有人为你撑开门时，应加快脚步，用手扶住门，并道谢；如果是过小的转门，不要两人挤在一起。

乘坐电梯时如果里面人非常多,先上来的人,要主动往里走,为后上来的人腾出地方,后上的人,要视电梯内人的多少而行,当超载铃声响起,最后上来的人应主动下去等下一趟。如果最后上来的是年长者,电梯内的年轻人要主动下电梯。

五、办公室用餐礼仪

现代工作节奏很快,单位职工或公司员工,不可避免地会在办公室中用餐,办公室用餐要注意一些小节,以免破坏你的良好形象。

(一)就餐时间不要太长

他人可能要即时进入工作,也可能有客人来访,因此吃饭时间要尽量缩短。

(二)就餐期间注意事项

1. 嘴里含有食物时,不要贸然讲话;他人嘴含食物时,最好等他咽完再对他讲话;由于大家围坐一堂,难免有人讲笑话,因此要防止大笑喷饭的情形,每口咀嚼的食物不要太多。

2. 有强烈味道的食品,尽量不要带到办公室。即使你喜欢,也会有人不习惯的。而且其气味会弥散在办公室里,会损害办公环境和公司形象。

3. 食物掉在地上,要马上捡起扔掉。

(三)餐后

1. 用餐完毕,不要用手擦嘴,应用餐巾纸擦拭。

2. 餐后将桌面和地板打扫干净。

3. 及时清洗干净餐具,一次性餐具及时扔掉,不要长时间摆在桌子或茶几上。如有突然事情耽搁,也记得礼貌地请同事代劳。

六、同事相处礼仪

(一)相互尊重,真诚合作

同事之间应相互尊重,公司内与同事相遇应点头行礼表示致意;在征得许可前不可随便使用他人的物品,借东西要及时归还,并表示感谢;同事之间要互帮互助,俗话说一个好汉三个帮,只有真诚合作才能共同进步。

(二)同甘共苦

同事有困难,应主动问讯,对力所能及的事应尽力帮忙,这样才会增进双方之间的感情,使同事关系更加融洽。

(三)公平竞争

同事之间竞争是正常的,有助于双方成长,但是切记要公平竞争,不能在背后耍心眼,做损人不利己的事情。

(四)宽以待人

同事之间经常相处,有点摩擦在所难免。如果出现摩擦,应主动向对方道歉,取得对方的谅解;如有误会应主动解释清楚,不可小肚鸡肠,耿耿于怀。

> **课堂互动**
>
> 1. 请问如果在办公室用餐应该注意什么?
> 2. 将来你如果成为办公室的一员,平时应该对自己如何要求?

第3节 办公室会客礼仪

案例 9-3

某一天,小张的大学同学到办公室找小张,小张热情地接待了他,并将他介绍给每一位同事。接下来的1小时里,二人一直兴高采烈地高声交谈,引起了周围同事的强烈不满。

想一想:小张做错了什么?在办公室应如何待客?

在工作中,我们经常需要接待前来检查工作的上级领导、前来参观考察或洽谈业务的客人及自己的亲朋好友,要做好接待工作,重要的是要以礼待客。

一、公务会客礼仪

公务会客的程序一般为引导入座、介绍礼仪、奉茶礼仪、送客礼仪等。

1. 引导入座　引导或陪同客人去接待地点时,工作人员要走在客人左前方1米远的位置,左手指引方向(详见第4章第5节赞美、引导、挥手和鞠躬礼仪)。到达接待室后应将客人引领至正确位置上(详见第10章第5节赞美、引导、挥手和鞠躬礼仪)。

2. 介绍礼仪　一般性公务活动,介绍人一般是秘书、接待、公关人员等专业人士,如果来了贵宾,应由东道主方面职位最高者进行介绍。如果有好几位客人同时来访,就要按照职务的高低,按顺序介绍。介绍的顺序要遵从"尊者有优先知情权"的准则进行介绍(详见第7章第1节介绍礼仪,图9-4)。

3. 奉茶礼仪　先将茶具清洗干净,在泡茶之前最好当着客人的面用开水烫一下茶具。若是一次性杯子,要套上杯托。泡茶时,茶叶要适量,用茶匙向空杯内装入茶叶,切忌用手抓茶叶,以免手气或杂味混淆茶叶的品质。可以询问客人喜欢喝浓茶或淡茶,茶水不要太满,以七八分满为宜。用双手给客人端茶,以示敬意。有杯耳的茶杯,用右手抓住杯耳,左手托住杯底,没有杯耳的茶杯,则右手握茶杯的下1/3,左手托杯底,双手送上(详见第8章公务礼仪和会议礼仪)。

图9-4　介绍礼仪

4. 送客礼仪　一般情况之下,不论宾主双方会晤的具体时间有无约定,告辞均须由客人首先提出。如果主人首先提出来送客,或是动作、表情暗示厌客之意,都是极其不礼貌的。当来宾提出告辞时,主人通常应对其热情挽留,若来宾执意离去,主人可在对方率先起身后起身相送,视客人的重要程度而定送的远近。一般的客人,楼层高的送至电梯口,楼层低的送至大门口或车门口,并挥手道别,直至车离去。

课堂互动

如果有客户去你办公室,如何介绍客户和你同事认识?

二、私人会客礼仪

一般情况下,尽量不要在办公室里接待亲朋好友。如果确实需要接待的话,请注意以下事项。
1. 如果你和其他同事共用一个办公室,要把朋友带到公共会客区,以免影响别人工作。

2．私人朋友来访，最好在休息时间接待，并且时间应尽可能短，最好不要超过半小时。

3．接待亲朋时注意不要高声喧哗，尽量不要打扰到其他同事。

4．作为拜访者，在朋友的办公室，不要因为关系熟悉就不注重基本的礼仪，不要乱翻朋友的抽屉或者文件，不要偷看桌上的文件；无论你是否已经达到拜访的目的，都不要停留过久，停留过久会影响被拜访人的工作。

第4节 外出礼仪

案例9-4

公司林总要去上海出差，告诉秘书小孙他要带市场部经理和公关经理同行，在上海期间要与当地代理商共进晚餐，然后去南京、扬州拜访当地客户，两个地方各停留一天，然后从南京乘飞机返回。林总要求小孙与客户联系会面时间和地点，并准备好相关的文件资料，制作一份完整的行程计划。

想一想：小孙应该做好哪些准备工作？请你帮小孙制作出一份行程安排。

一、临时外出礼仪

需要离开办公室时应向主管上级请示，告知因何事外出、用时多少、联系方式；若上级主管不在，应向同事交代清楚。

二、出差礼仪

（一）个人出差

个人出差，应与主管领导保持经常联系，一般应每天保持联系；如遇到住处变动，手机不通，E-mail无法联系时，应及时告诉公司，并提供其他联系方式；回公司后要及时准确地向上司汇报出差的情况。

（二）随领导一起出差

与领导外出，除做好基本的协助工作如物品拎取、上下车辆、预订酒店、手续办理等，还应灵活机动，讲究礼仪。

1．陪同领导行走时，随同人员应在领导后侧半步位置跟从。

2．乘车时，要主动打开车门，并以手示意，请领导先上车，待领导坐稳后再关门，关门时切忌用力过猛。乘车座次的尊卑顺序见第10章第3节乘车位次和乘机礼仪。

3．陪同领导乘坐电梯时，遵循"后入后出"或"先入后出"的原则。有人控制的电梯，你应后进去后出来，让领导先进先出；无人控制的电梯，你应先进后出并控制好电梯开关按钮。

4．如果外出就餐请领导先点菜，即使领导让你做主，点好菜单后也要请领导过目同意后再下单。

5．陪领导外出期间，谈论的话题或与其他人谈话的内容，除领导明确表示传达外，一概不应随意透漏。

知识拓展 陪领导出差的注意事项

1．首先要了解出差目的、必备物品、外出工作内容和需要接见的对象，并根据工作内容和接见对象准备相关的文件、资料和礼品，以安排好领导的行程。

如果是开会，除准备好开会需要的资料外，还应先学习有关会议的内容，以便能在开会时做好会议记录；如果是走访或谈判，就应当先对走访或谈判对象做些调查和了解。

2. 了解领导对一些问题的基本看法，大到与客户谈判、日程安排，小到抽空逛街、确定住宿标准，以便按领导意图及时提供服务，避免因不解其意而手足无措甚至帮倒忙的情况发生。

3. 与所去之地的有关单位事先联系，提供前往人员名单（包括姓名、性别、民族、职务等），说明此行目的和行程计划等。

4. 时间观念要强。约定好随行人员的出发时间及行车路线，外出中的所有活动，随行人员都要提前做好准备，以便随时听从召集按时出发，不能让领导等待。

5. 要保持通信畅通。在陪同领导外出时，一定要与领导及同行人员时刻保持联系。因为在外出活动中，情况随时都可能发生变化。因此随同人员哪怕是短时间的单独行动也要与领导及同行人员保持联络的畅通。

6. 入住宾馆后，要让同行者之间互相知晓对方所住的房间，要及时将同行者所住房号、内部电话提供给领导，以便及时联络。

小　　结

本章主要介绍了办公室环境礼仪、办公室礼仪、办公室会客礼仪和外出礼仪。在办公室环境礼仪中介绍了办公环境的布置、办公环境卫生及办公心理环境；办公室礼仪主要介绍了仪表礼仪、举止礼仪、电话礼仪、开关门礼仪、办公室用餐礼仪和同事相处礼仪；办公室会客礼仪介绍了公务会客礼仪和私人会客礼仪；外出礼仪介绍了临时外出礼仪和出差礼仪。

思　考　题

1. 作为办公室的文员，应该如何注重自己的仪表？

2. 由于中午时间紧张，小李经常要在办公室用餐，每次用餐完毕小李就把一次性餐盒放在办公桌上，有时好几天都不扔掉，地面上也常常有饭屑，不小心就会踩到脚上，慢慢地同事们对小李有了很大意见。小李这样做对吗？正确做法是什么？

3. 办公室接听电话时应注意哪些事项？

4. 与领导出差要做好哪几方面工作？

第10章 称谓礼仪、位次礼仪和界域礼仪

在商务或政务接待、拜访、会议、谈判及家庭和社交活动中，主人和客人之间的相互称谓及位次的安排都会直接影响到主、客双方的心情，进而影响到接待、拜访、会议、谈判的结果及家庭和社交关系。所以，称谓礼仪和位次礼仪在商务、政务、家庭和社交活动中有着十分重要的作用。

第1节 称 谓 礼 仪

案例10-1 "一杯酒喝丢1亿元投资"

某交易会上中方某家企业与外商谈成了一笔1亿元的生意，在最后签约之前，中方邀请外方共进晚宴，在邀请函上注明"请携同夫人共进晚宴"。双方代表如约出现在宴会厅内，中方向外方介绍中方的"夫人"们时，说："这位是董事长的爱人，这位是总经理的爱人……"，然而翻译成英文就是"情人""小三"的意思。这下老外生气了，我们都携同正式夫人参加晚宴，你们却带来了"情人"，这是对我方的极大不敬！无论中方如何解释，老外都不接受，最终这笔生意泡汤了。

案例点评： 此案例中，问题出在"称谓"运用不规范上，加之中西方文化的差异，导致了较大的误会，使生意泡汤。

称谓，在中国的古代属于道德范畴。恰当地运用称谓，是人际交往中不可缺少的礼仪要素。称谓要表现出尊敬、亲切和文雅，使双方心灵沟通，感情融洽，缩短彼此间的距离。

一、称谓的分类

（一）姓名称谓

1. 全姓名称谓 即直呼其姓和名，如"李大伟""刘建华"等。全姓名称谓有一种庄严感、严肃感，一般用于学校、部队或其他郑重场合。一般来说，在人们的日常交往中，指名道姓地称呼对方是不礼貌的。

2. 名字称谓 即省去姓氏，只呼其名字，如"大伟""建华"等，这样称呼显得既礼貌又亲切，适用场合比较广泛。

3. 姓氏加修饰称谓 姓氏加修饰称谓，即在姓之前加一修饰字，如"老李""小刘""大陈"等，这种称呼亲切、真挚。一般用于共同工作和生活中相互比较熟悉的同志和邻里之间。

（二）亲属称谓

亲属称谓是对有亲缘关系的人的称呼，中国古人在亲属称谓上尤为讲究，对长辈、平辈决不称呼姓名、字号，而是按照与自己的关系称呼，如祖父、父亲、母亲、胞兄、胞妹等（详见第5章第2节家庭称谓礼仪）。

（三）职务称谓

职务称谓就是用所担任的职务作称呼，表示对被称谓人的尊敬和礼貌。其主要有三种形式：

1. 行政职务 如"李局长""张科长""刘经理""赵院长""李书记"等。
2. 技术职称 如"李教授""张工程师""刘医师""张工""刘总"等。

3. 行业职称　即用其从事的职业工作当作称谓，如"李老师""赵大夫""刘会计""王律师""孙警官"等，有些行业可以用"师傅"相称。

（四）性别称呼

一般约定俗成地按性别的不同分别称呼为"小姐""女士""先生"等。其中，"小姐""女士"二者的区别在于：未婚者称"小姐"，不明确婚否者则可称"女士"。

（五）年龄称谓

当称呼年长者时，务必要恭敬，不应直呼其名，也不可以直呼"老张""老王"等，尤其是年龄相差较大的隔代人之间，可以将"老"字与其姓相倒置，如"张老""王老"，或"王老先生"等，体现出尊敬长者之意。

当称呼同辈人时，可称呼其姓名，有时甚至可以去姓称名，但要态度诚恳、表情自然，体现出真诚；当称呼年轻人时，可在其姓前加"小"字相称，如"小张""小李"，或直呼其姓名，但要注意谦和、慈爱，表达出对年轻人的喜爱和关心。

二、商务、政务和社交场合常用的称谓

商务、政务和社交场合常用的称谓为职务称谓（行政职务、技术职称和行业职称）和性别称谓。

1. 职务称谓　即按照行政职务、技术职称和行业职称的称谓。应该注意当正、副职同时在场时，副职前要加副（如李副主任），尤其在部队，正、副职一定要分清。除部队外，当正职不在场时，称呼副职可以就高不就低（如李副主任可以称李主任，副教授可以称教授等）。当称呼上级来人时，如不知道其确切身份时，可用"主任"这个称呼，既可满足自尊心，又表现出对上级来人的尊重。

2. 性别称谓　一般用于社交场合和国际交往中（如女士、先生等），在正式的公务场合一般不采用性别称谓。

三、国际交往称谓

国际交往中常用的称谓为职务称谓（行政职务、技术职称和行业职称）和性别称谓。

1. 官方人士的称呼　对高级官员，称为"阁下"，也可称职衔或"先生"；对有地位的女士可称为"夫人"，对有高级官衔的女士，也可称"阁下"；对其他官员，可称职衔或"先生""女士"等。

2. 皇家贵族的称呼　对君主制或君主立宪制国家的国王、皇后，可称为"陛下"；王子、公主、亲王等可称为"殿下"；对有公、侯、伯、子、男等爵位的人士既可称其爵位，亦可称"阁下"，或称"先生"。

3. 技术人员的称呼　对医生、教授、法官、律师及有博士学位的人士，可称为"医生""教授""法官""律师""博士"等，也可加上姓氏或"先生"。

4. 军人的称呼　一般称军衔，或军衔加"先生"，知道其姓名的可冠以姓与名。有的国家对将军、元帅等高级将领称"阁下"。

5. 服务人员的称呼　一般情况下称"服务员"，如果知道其姓名的可单独称呼其名字，但现在越来越多的国家称服务员为"先生""夫人""小姐"。

6. 教会人员的称呼　教会的神职人员，一般可称教会的职称或姓名加职称，也可以职称加"先生"，有时主教以上的神职人员也可称"阁下"。

7. 普通男女的称呼　对男子不管其婚否都称为"先生"（Mister）；对于女士，已婚的称为"夫人"（Mrs.），未婚的称"小姐"（Miss）；婚姻状况不明的，也可称为"Miss"。在外事交往中，为了表示对女性的尊重，也可将其称为"女士"（Madam）。

四、称谓的注意事项

无论是社交场所还是公务场所，都应该注意以下问题。

1. 注意称谓次序　一般情况下，同时与多人打招呼，应遵循先长后幼、先上后下、先近后远（与自己的距离）、先疏后亲的原则，避免失敬于人。

2. 避免粗心大意　避免用心不专而使用错误的称呼。如念错姓名，或对年纪、辈分、婚否以及与其他人的关系作出错误判断等，产生误会。

3. 避免使用的称呼

（1）少用简称，避免产生歧义。如前些年某市的人才流动办公室，简称"人流办"曾引起歧义等。

（2）不使用地方称呼，如"伙计"、"小鬼"等。

（3）不使用随意的称呼，如"死党"、"铁哥们儿"等。

（4）不使用绰号作为称呼。

五、称谓的变化

随着时代的变迁，称谓也发生着变化。下列一些称谓不适合正式场合使用。

（1）美女：虽能满足女士的虚荣心，但不适合在正式场合使用。

（2）老公：这是以前对太监的称呼，现在女士称呼自己的丈夫为老公，不能用于正式场合。

（3）老板：在学术圈，目前流行称教授为老板，但不能用于正式场合。

第2节　行路位次礼仪

案例10-2

小宋是某公司的新员工。在一次接待外单位来访人员时，公司安排小宋做向导。小宋与来访的两位人员沿公司内部马路并排向前行进，自己特意走在马路最右边，侃侃而谈……，来访的两位人员面带不悦之色。

想一想：来访的两位人员为什么面带不悦之色？

案例点评：小宋违反了正确的行路礼仪和引导礼仪。

在社交和职场中，人们在一起行走的机会很多，良好的行路礼仪也能反映出一个人的礼貌和修养。

一、两人行路礼仪

社交和职场中，两人在马路上行走时，应把客人、上级、女士、长辈让在右侧（靠马路边的一侧），一方面是考虑安全因素，另一方面为防止汽车溅起的泥浆溅到客人身上。

进门时，如门开着，应请女士、领导、客人、长辈先进；如门关着，应把门推开或拉开，请女士、领导、客人、长辈进入。出门时，用手拉住门，请女士、领导、客人、长辈先行。进入旋转门时，当旋转门正在转动时，应请女士、领导、客人、长辈先进；如门未转动，应先进入旋转门内，再请女士、领导、客人、长辈进入，然后使门慢慢转动。

社交场合，带女伴参加正式宴会时，应让女士挎着男士的胳膊，有风度的男士从不抓着女性的胳膊或用手拥着对方行走，只有在协助女士上车或爬楼梯时，才用手托住对方的肘部。拥挤的场合，男士可以拉着女士的手，走在前面开道。

二、多人行路位次礼仪

三人并行时，中间为上，自己走在左侧。若多人排成一列行走，在认识路的前提下，女士、长辈和领导在前，若不认识路，由男士或引领员在前引路。几个人一起行走时，应尽量同步行走，如队伍中有男有女，男士更应注意适当调整步幅，与女士步调一致。进出门礼仪同两人礼仪。

三、注意事项

在医院、办公室、会议室、实验室等特殊场合，走路要控制脚步的轻重，尽量不发出声音，以维护这些场合肃静的气氛和安静的环境，不影响病人休息和其他人员的工作。切忌穿钉有铁掌的鞋子在这种场合行走。上下楼道或夜深人静时，也要注意脚步不能太重。

第3节 乘车位次和乘机礼仪

案例10-3

赵宏伟是公司的新员工，被公司安排跟随一部轿车到机场接一位领导，见到领导后，赵宏伟热情地打开了轿车的右前门："领导，您请上车，前排视野好！"领导一脸尴尬、迟疑着……

想一想：领导为什么一脸尴尬？赵宏伟的座次安排合适吗？

在公务接待或公务拜访中，乘车的位次也可以影响客人的心情，以致影响接待或拜访的成败。良好而正确的乘车礼仪体现出单位的专业实力和个人的良好修养。

一、轿车座次礼仪

在公务接待中，当有专职司机开车时，后排右侧为首位，左侧次之，中间再次，前排司机右侧为末位（随行座）。这和我国交通规则有关，当靠马路右边停车时，后排右侧最方便上下车，而且上下车最安全（图10-1）。

私人接待，当小轿车由主人开车时，前排司机右侧，是第一位，后排右侧是第二位，司机后面是第三位，后排中间是第四位（图10-2）。

安排乘车位次时灵活掌握，接送知名公众人物时，此时就需要考虑乘坐人员的安全性和隐私性，一般安排在司机后方位置，通常也被称为VIP位置；如有晕车客人可安排靠前就座，降低晕车客人乘车不适感。

女士乘轿车要注意上下车礼仪，女士进出车门，要遵循背入正出的原则。进车门时，先让臀部坐在汽车座位上，再双腿并拢移入车内，同时用手按住领口，管理好身体的隐私部位。下车时，双腿并拢同时移出车门，双脚落地，再将头和身体移出车门（图10-3、图10-4）。

图 10-1　小轿车专职司机开车位次 　　　　图 10-2　小轿车主人开车位次

图 10-3　上车礼仪 　　　　图 10-4　下车礼仪

二、吉普车座次礼仪

当接站车辆为吉普车时，前排右座（副驾驶座）是第一位，这与吉普车的安全系数高有关系。副驾驶后面是第二位，司机后面是第三位（图10-5）。

三、商务面包车和旅游车位次礼仪

当接站车辆为商务面包车（7座或9座）时，一般考虑乘客的乘坐舒适性和上下车的便利性，第二排，右侧座为第一位，左侧第二位，中间第三位；第三排，右侧第四位，左侧第五位，中间第六位；第一排，中间第七位，右侧第八位（图10-6）。

图 10-5　吉普车位次 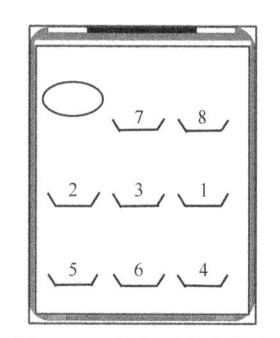　　　　图 10-6　商务面包车位次

接站车辆为旅行车时，以司机驾驶座后第一排为尊，后排依次为小，每排依右侧往左侧递减。

四、火车位次礼仪

普通列车以远离走道为上位，靠窗并面向列车前进方向为第一位次，第一位次对面为第二位次；第一位次左侧是第三位次，第二位次右侧是第四位次（图 10-7）。动车和高铁一排两个座位的位次以远离走道为上位（图 10-8），若一排三个座位以靠窗为上位，其余可根据客人喜好安排。

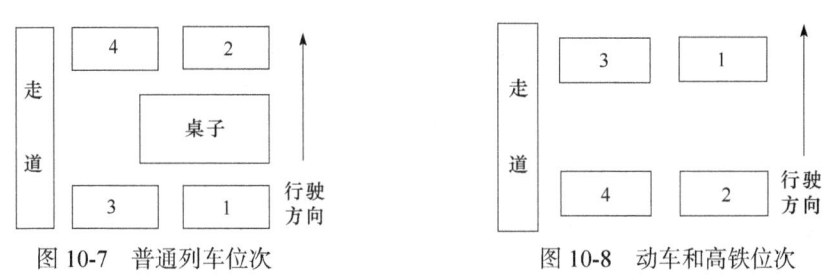

图 10-7　普通列车位次　　　　　图 10-8　动车和高铁位次

五、乘坐飞机的座次礼仪

（一）飞机座次

目前世界各国所使用的客机多为喷气式飞机，其体积越大安全系数就越高，相对也越舒适。舱位越靠前，乘坐者的舒适度相对越高，所以头等舱设在最前段，商务舱居中，经济舱设在后段。一般来说，在同一架飞机上，座位越靠前乘机者越不易晕机。在同一档次的舱位安排时，可根据个人爱好安排，如喜欢在飞机上欣赏窗外景色者，可以安排在靠近舷窗的位置；喜欢活动者可安排在通道两侧或靠近应急出口的位置。

（二）乘机礼仪

1. **提前到达，文明候机**　乘坐国内航班应提前 90 分钟到达机场，乘坐国际航班应提前 120 分钟到达，以便办理登机手续。办理手续时，耐心等待，听从工作人员指导。候机时，不能在候机室高声交谈、抽烟、乱扔果皮等。

2. **行李符合规定**　携带的行李在体积和重量上应符合规定。

（1）手提物品：一般航空公司规定不超过 5 公斤（如书籍、相机、雨伞、笔记本电脑等）。

（2）行李箱：每件随身携带的行李箱长、宽、高不超过 55 厘米、40 厘米、20 厘米。超过其规格的行李箱应托运，随机托运的行李箱头等舱不超过 30 公斤，二等舱不超过 20 公斤，超过部分需付超重费。

3. **乘机礼仪**　登机前、登机后和离开飞机时都应注意公共礼仪。

（1）登机前：自觉排队检票。进入机舱时，当空姐或机长礼貌迎客时，应友好地回应。

（2）登机后：①应遵守乘客规则，配合乘务员的指导，留意服务人员对飞机内救生设备的示范；②飞机从起飞到平稳落地前禁止使用手机、笔记本电脑等一切干扰无线信号的物品；③座椅后面的餐桌，仅就餐时使用，不宜久放；④需要放低座椅后背时，应礼貌地询问后面的乘客是否方便；⑤飞机上的洗手间是公用的，不宜逗留太久；⑥使用毛毯和阅读书籍时，应爱惜和保持清洁；⑦氧气罩和救生衣是供紧急情况下使用的，不要随意摆弄；⑧飞机上禁止吸烟；⑨晕机的乘客可请乘务人员提供镇静剂、打开空气调节孔，同时拿出呕吐袋备用。

（3）下飞机时：不要拥挤，按顺序走出机场，并与乘务人员礼貌地再见。

第4节 楼梯及电梯礼仪

案例10-4

在接待工作和服务工作中，常常遇到带领客人上下楼梯、上下电梯的情况。

想一想： 带领客人上下楼梯和上下电梯时应该注意什么礼仪呢？

一、上下楼梯礼仪

上下楼梯时，首先考虑的是客人的安全。上楼梯时，应请客人走在前面，接待人员走在后面；下楼梯时，接待人员走在前面，客人走在后面（图 4-26、图 4-27）。行人上下楼梯靠右行走（图 10-9）。

二、电梯礼仪

（一）滚梯引导礼仪

乘滚梯的礼仪，首先强调的是"左行右立"，即上下自动扶梯需靠右站立，留出左边的通道让有急事的人先行。引导人员上楼时在客人的后面，下楼时在客人的前面。

（二）直行电梯引导礼仪

电梯有专职管理人员时，电梯开门后，请客人先进，引导人员后进；到达时，引导人员先出，客人后出，引导人员在前面引导（图 10-10）。

图 10-9 上下楼梯靠右行　　　　图 10-10 电梯引导礼仪（有电梯管理人员）

电梯无专职管理人员时，接待人员先进入电梯，按住"开门键"，等客人进入后，按下到达楼层号，关闭电梯门；到达时，接待人员按"开门键"，请客人先走出电梯，自己随即步出电梯，在前面引导方向。

社交场合中乘电梯时，若男士站在门口，到达时不必躲向一旁让女士先走出，如女伴站在里面，男士应先走出并在电梯外等候；当电梯不拥挤时，女士进入电梯，男士应脱帽致意，这是国际通用礼仪；如在拥挤的电梯中，不管有无女士，男子都不应脱帽，因为帽子拿在手上会占地方。在我国进入电梯的人们无论男女，都应该点头微笑致意。

（三）乘电梯的注意事项

1. 搭乘滚梯前，要系紧鞋带，留心松散、拖曳的服饰（如长裙、礼服等），以防被梯级边缘、梳齿板、围裙板或内盖板挂拽。

2. 若因故障扶手带与梯级运行不同步时，要注意随时调整手的位置。

3. 离开时，要顺梯级运动之势抬脚迅速迈出，跨过梳齿板落脚于前沿板上，以防被绊倒或鞋子被夹住。不要在扶梯或人行道出口处逗留，以免影响其他乘客和避免造成推挤。

4. 不要将拐杖、雨伞尖端或者高跟鞋尖等尖利硬物插入梯级边缘的缝隙中或者梯级踏板的凹槽中，以免发生危险。

5. 在自动扶梯缓缓上升中，随身携带的箱包、手提袋等不要放在梯级踏板上或手扶带上，以防忘记提携时东西滚落；也不要蹲坐在梯级踏板上。

第5节　会议、谈判和合影位次礼仪

案例 10-5

会议和合影位次除了居中为上、前排高于后排之外，还要注意以"右为尊"。

想一想：都是右侧高于左侧吗？

会务礼仪主要指主办会议或参加洽谈会、展览会、订货会等常见的商务和政务会议的礼仪规范。在正式的会议、会晤和谈判中，宾主之间都十分重视座次排列，这关乎被尊重的程度、正常的工作级别和人际关系。

安排位次的基本原则，商务礼仪和国际礼仪讲究"面门而上"、"居中为上"、以"右为尊"、"前排高于后排"等。国内政务礼仪在会议的座次和合影留念的站位方面讲究以"面门而上"、"居中为上"、以"左为尊"、"前排高于后排"。

一、小型会议、会晤和谈判位次

小型会议宾主双方常采用相对式排座，单方会议有时采取主席式排座。

（一）相对式排座

相对式排座，指宾主面对面就座。这样宾主双方可以保持适当距离，多适用于政务和商务会晤或商务谈判。相对式排座又分为横桌排列和竖桌排列（又称迎宾式）两种，下面主要介绍横桌排列。

横桌排列多适用于政务、商务双边会谈或商务谈判等。

双方在桌子两边相对而坐，主方人员背门而坐，客方人员面门而坐。主客双方的位次排列，在商务谈判、双边会谈和国际会晤中，以"居中为尊"，以"右为尊"（图10-11）。国内政务礼仪则"居中为尊"、以"左为尊"（图10-12）。

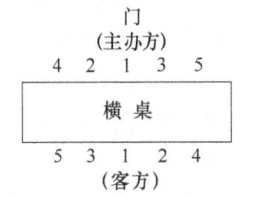

```
         门                           门
      (主办方)                      (主办方)
   4  2  1  3  5                5  3  1  2  4
   ┌─────────────┐              ┌─────────────┐
   │   横  桌    │              │   横  桌    │
   └─────────────┘              └─────────────┘
   5  3  1  2  4                4  2  1  3  5
      (客方)                       (客方)
```

图 10-11　商务会议和国际会议　　　　图 10-12　国内政务会议

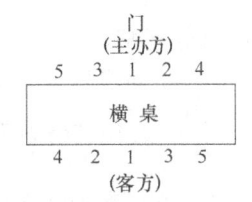

（二）主席式排座

单方小型会议一般不专门设立主席台，会议主席之位一般设在面门之处，以里为尊，居中为尊。如果采用长方形会议桌，则主席位置一般设在长方形桌子的短边（图10-13）。

（三）环绕式排列

单方小型会议有时采用环绕式。特点是不设主席台，会议所用的座椅、沙发摆放在会场的四周，不明确座次的具体尊卑，与会者在入场后自由就座。

（四）会见礼仪

国际上，身份高者会见身份低者，一般称为接见或召见；而身份低者会见身份高者，一般称为拜会或拜见。在我国一般统称会见。

目前国内外会见的座位安排通常安排面对正门的两排座位。主人坐在左侧，主宾坐在右侧，即以"右为尊"，其他人员分别在主人和主宾一侧按顺序就座（图10-14）。

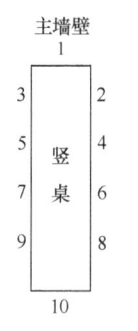

图10-13 国内政务会议主席式座次

图10-14 国内外会见的座次

（五）小型会客室位次

客人走入小型会客室，接待人员用手指示，请客人坐下，客人坐下后，接待人员行点头礼后离开。如客人错坐下座，应请客人改坐上座。小型会客室位次，一般遵循以右为上，以远（离门）为上的原则（图10-15）。

图10-15 小型会客室座次

二、大型会议位次

当与会人员达百人甚至上千人时，会场的安排应分设主席台与群众席位。主席台需重点排座，群众席位可将重要的人员排在前面几排就座，其余座次可以排座，也可以不排座。

（一）国内大型政务会议

1. 主席台位次　大型会议的主席台一般面对会场主入口，国内政务会议的主席台的座次是前排高于后排，中间高于两边，左侧高于右侧（图10-16）。主席台上就座人员面前的桌上，应放置双向桌签，每位与会人员需核对桌签，正确无误后就座。

大型会议的主持人，根据其具体身份排座，可以居于前排正中央或居于前排两侧，一般不安排在主席台的后排就座。

大型会议发言者一般不宜于座位上发言，多设专门的发言席位，发言席位可以在主席台的正前方或主席台的右前方。

国内政务合影的位次与主席台位次顺序相同（图10-16）。

2. 群众席位次　主席台之下座席称为群众席，其排座方式有自由择座和按单位就座两种。自由式择座，即不进行统一安排，大家各自择位而坐。按单位就座，即按照单位、部门或者地区、行业就座。就座顺序可以是与会单位、部门的汉字笔画多少、汉语拼音字母前后，也可以是平时约定俗成的序列。若分前后排，以前排为高，后排为低；若分不同楼层，则楼层越高，排序越低。

（二）国际会议和国内大型商务会议

国际会议和国内大型商务会议座次是，前排高于后排，中间高于两边，右侧高于左侧。与国内政务礼仪不同的是"右高"而不是"左高"。

国际活动和国内商务活动合影的位次同主席台排列顺序（图10-17）。

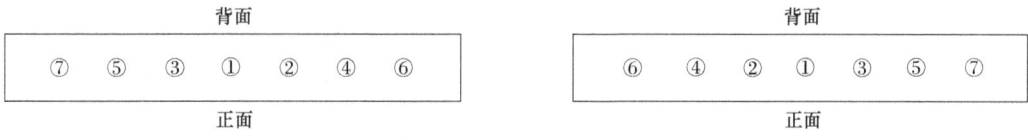

背面		背面
⑦ ⑤ ③ ① ② ④ ⑥		⑥ ④ ② ① ③ ⑤ ⑦
正面		正面

图10-16　国内政务会议主席台或合影位次　　　图10-17　国际会议和国内大型商务会议主席台或合影位次

三、签 约 仪 式

签约，即合同的签署。双方或多方经过充分的洽谈磋商，就谈判项目达成书面协议，为使有关各方重视并遵守合同，在合同签署时，应举行郑重其事的签约仪式。

（一）签字人与参加人

签字人通常由谈判各方商议确定，但各方签字人的身份应大体对等，所以有时主谈不一定就是签字人。参加签约仪式的人员一般都是各方参加谈判的人员，一方如要增加其他人员，应征得对方同意，各方参加人数应基本相等。

（二）签约仪式的准备

1. 签字厅的布置　一些大公司（高级写字楼）有常设的专用签字厅，亦可将会议室、洽谈室、会客室临时作为签字厅。签字厅的布置应该整洁、庄重。

家具陈设：将长方形签字桌（或会议桌）横放在签字厅内，桌面最好铺设深色台布。

文具用品：签字桌上，应放置待签的合同文本、签字笔、吸墨器等，涉外合同签字时还应在有关各方签字入座的正前方插放该国国旗。

签字仪式的排列方式主要三种：

（1）并列式排座：签字桌面对正门横放，主方签字人面门坐在左侧，客方签字人面门坐在右侧。随从人员分别在其身后列队站立（图10-18）。

（2）相对式排座：签字桌面门横放，双方签字人员面门而坐，随从人员与其相对而坐（图10-19）。

（3）主席式排座：当签署多边合同时，则可采用主席式排座，即签字桌面门横放，在签字桌的面门位置的中间放一张座椅，供各方签字人签字时轮流就座，或者为每位签字人各配备一张椅子。各方随从人员可以坐在对面的观众席上（图10-20）。

2. 待签合同文本的准备　待签合同的正式文本，按商界惯例应该由主方负责准备，但为了避免合同内容产生歧义，引起纠纷，因此，主方最好能会同签约各方一起指定专人共同负责合同

图 10-18　签字仪式并列式排座

图 10-19　签字仪式相对式排座

图 10-20　签字仪式主席式排座

的定稿、校对、印刷和装订，以确保合同内容的准确无误。

涉外合同，依照国际惯例应同时使用签约各方法定的官方语言撰写，或者采用国际通用的英文、法文撰写。除供各方正式签字的合同正本外，最好还能各备一份副本。

3. 签字时的座次安排　签字仪式的座次安排是各方最为在意的，所以主方在安排时要认真对待。

双边合同的座次，一般由主方代为安排，主方安排时应以国际礼宾序列，注意以右为尊。即将客方主签人安排在签字桌右侧就座，主方主签人在左侧就座，各自的助签人在其外侧助签，其余参加人在各自主签人的身后列队站立或对面就座。站立时各方人员按职位高低由中间向两边排列。

多边合同的座次安排，只设一张签字椅时（主席式），各方按事先商定的先后顺序，主签人依次上前签字。

（三）签约仪式的程序

1. 仪式正式开始　各方人员进入签字厅，按既定的位次入座。双边合同的双方签字人同时入座，助签人在其外侧协助打开合同文本和笔。

2. 正式签署　各方主签人再次确认合同内容，若无异议，在规定的位置上签名，之后由助签人相互交换合同文本，再在第二份合同上签名。按惯例，各方签字人先签的是己方保存的合同文本，交换后再签的是对方保存的合同文本。

3. 交换各方已签好的合同文本　各方主签人起身离座至桌子中间，正式交换各自签好的合同文本，同时，热烈握手（某些国家拥抱）、祝贺，还可以交换签字时用过的笔作为纪念。其他成员则鼓掌祝贺。

4. 饮香槟庆祝　交换合同文本后，全体成员可合影留念，服务接待人员及时送上倒好的香槟。各方签字人和谈判小组成员相互碰杯祝贺，当场干杯，将喜庆气氛推向高潮。

商务合同正式签署后，主方可设宴或酒会招待所有参加谈判和签约的人员，以示庆祝。

课堂互动

助签人员怎样呈递签字笔？

知识拓展

一、为什么国内的政务礼仪以"左为尊"

为什么商务礼仪和国际礼仪的各类座次都是以"右为尊"，而国内的政务礼仪，在会议的座次和合影留念的站位方面则讲究以"左为尊"？

其原因来源于我国古代，皇帝在上朝时坐北朝南，其左手边为东边，右手边为西边，日出东方，日落西方，东方为阳，西方为阴，"东方为尊"，"西方为卑"，所以"左为尊"，男（阳）尊女（阴）卑，男左女右。而商务礼仪和国际礼仪的"右为尊"，则来源于面对地图，上北下南，左西右东，崇尚的都是"东为尊"。

二、商务谈判的注意事项

谈判的接待准备：①成立接待小组；②了解客方基本情况，收集有关信息；③拟订接待方案。

谈判迎送工作：根据商界对等接待的原则，主方应确定与客方谈判代表团的身份，安排职位对等、人数相等的接待陪同人员，并通知他们准时迎送。

服饰举止规范：出席商务谈判这样的正规场合，应穿职业正装、举止要得体、语言要文明。良好的着装、文明的语言和得体的举止，不仅能展示自己良好的教养和风度，而且能赢得对方的尊重、信任和敬意。

签约：即合同的签署。双方（多方）经过充分的洽谈磋商，就谈判项目达成书面协议，为使有关各方重视、遵守合同，在合同签署时，应举行郑重其事的签约仪式。

第6节 界域礼仪

案例10-6

业务员小吴在一次外出回访时，与一位公司老客户坐在会客室沙发上交谈，当谈到投机处，小吴不由自主地向客户挪近了距离，小吴的这个举动使谈话气氛变得尴尬起来。

想一想：为什么会出现尴尬的气氛？小吴违反了什么礼仪？

一、何谓"界域"

所谓"界域"，即人际交往中相互距离的确定，它主要受到双方关系的决定和制约，同时也受到交往的内容、交往的环境及不同文化、心理特征、性别差异等因素的影响。适当的交往距离不仅是礼仪和修养的表现，而且是交往双方心理和生理的需要。

二、人际交往中的"界域"

人际交往中的"界域"主要分为以下几种情况：

（一）亲密距离（家人、夫妻、恋人）

家人、夫妻、恋人相处时，自然距离可以小于0.5米，这个距离属于私人交往距离。其他人员不能采用这个距离，否则会使交往双方感到很不舒服，甚至可能会因此而结束交往。

（二）常规距离（交际距离）

朋友之间交往的自然距离是0.5～1.5米，此距离既显得不疏远，又有安全感，属于交际中的安全距离。

（三）社交和商务距离

在商务洽谈、接见来访者或同事交谈时，1.2～2.1米较为合适。另外对上级拉开距离也表示尊重。

（四）公众演讲距离

3.6～7.6米的距离，适合于作报告、演讲等场合。

（五）服务人员的"界域"

1．服务距离（0.5～1.5米） 如服务人员与客人之间所保持的一种最常规的距离是0.5～1.5米。

2．展示距离（1～3米） 在客人面前进行操作示范、讲解等，为使客人对服务项目、企业文化有更直观、更细致的了解，示范人员和讲解人员与观众要保持1～3米的距离。

3．引导距离（1～1.5米） 服务人员在为客人带路时彼此要保持的距离为1～1.5米。根据惯例，在引导时，服务人员在客人左前方引导为宜。

4．待命距离（3米） 特指酒店员工在客人尚未传唤要求自己为之提供服务时，与对方自觉保持3米的距离。

小 结

本章介绍了称谓礼仪，行路位次礼仪，乘车位次和乘机礼仪，楼梯及电梯礼仪，会议、谈判和合影位次礼仪及界域礼仪。

思 考 题

1．在商务礼仪和国际礼仪中，关于会议的座次和合影留念的站序有什么原则和规定？
2．在国内政务礼仪中，关于会议的座次和合影留念的站序有什么原则和规定？
3．小轿车主人开车和专职司机开车的座次有何不同？
4．女士上下车有哪些礼仪？
5．不同的人际关系在人际交往中的界域礼仪是如何规定的？
6．人际交往中的称谓礼仪是如何规定的？

第11章 求职礼仪

案例11-1

某公司登报招聘一名文职人员。三十多人前来应聘，有的高大帅气，有的有业内人士举荐，最后入选的竟然是一位外表平平，没有任何推荐人的小伙子。事后招聘经理解释原因：在等待面试时，旁边的残疾老人没人关注，只有这位小伙子立即起身让座，这表明他心地善良，知道体贴别人；进门面试前他先稍稍整理了仪表，进门后随手关门，这说明他很懂礼貌，做事很仔细、有条不紊；我故意放在地上的一本书所有的应聘者都视而不见，只有他俯身捡起，放在桌上；当我和他交谈时，我发现他神态清爽，头发梳得整整齐齐，指甲修得干干净净，谈吐温文尔雅，思维十分敏捷。这些细节让他完胜其他应聘者。

想一想：在面试中，是什么使得这名小伙子脱颖而出？

案例11-2

小明是市场营销专业大四学生，在大学最后的实习阶段，他和众多学生一样开始寻找工作。他选择了某外资企业的销售岗位。为了应聘成功，他利用招聘会前的一周时间，对该企业的产品做了市场调查，从市场份额、产品性能到竞争对手等各方面的情况都做了详细了解，并拿出了一份翔实的市场调研报告。面试时对面试官提出的各种问题，小明礼貌而自信地给予回答，并不失时机地提出自己的调研方案，给面试官留下了良好的印象，最后他成功地击败了众多竞聘者被录用。

想一想：用人单位最希望招聘到什么人才？小明的成功给了我们什么启示？

第1节 面试前的准备

无论你是刚走出校门的大、中专毕业生，还是待岗青年、准备跳槽的择业人员，寻找一份合适的工作，是摆在你面前的当务之急。如何才能求职成功呢？了解面试时必要的一些礼节是非常关键的。

一、信息搜集和自我定位

（一）信息搜集

求职前，首先要全方位搜集信息，了解国家政策和社会需求，特别是招聘单位的情况，主要包括以下几个方面：

1. 招聘单位的总体信息　单位的性质、主要业务、组织结构、人员结构、主要领导、产品、效益、人均产值等。
2. 招聘单位的岗位需求　应聘的岗位职责、福利待遇、工作环境、人事政策和发展前景等。
3. 招聘单位对招聘人才的要求　招聘单位对应聘者的年龄、性别、职称、学历、专业或工作经验等有无特别要求。

（二）自我定位

1. 认清自己，准确定位　明确自身条件，分析自己的优劣势、兴趣爱好和价值观等，对自己有个准确的定位。不要眼高手低，也不能自卑。要对自己准确定位，主要通过两种途径：一是通过同学朋友对自己的评价来客观认识自己；二是借助于职业能力倾向测验，目前较具权威性的是霍兰德职业适应性测验，主要考察你感兴趣的活动、你喜欢的职业、你的能力类型等方面，然后进行统计确定你的职业适应性。

2. 选择招聘单位　根据自身条件，以及了解的招聘单位情况，提前有针对性地选择招聘单位，以提高应聘效率。选择招聘单位时（特别是参加大型招聘会），在时间、条件允许的情况下，可以多选择几家，像高考填志愿一样，排出第一、第二、第三等多个选择，依次投递简历。不要在有多个选择时只选择一家，一旦被拒签，就惊慌失措，胡乱投递，影响到后面的应聘效果。

二、面试前物品的准备

面试前求职者应该提前准备好参加面试需要携带的东西，主要包括公文包、笔记本、笔、近期照片、多份打印好的简历、相关证明材料（身份证、毕业证书、学历证书、获奖证书等）原件及复印件。

（一）公文包

求职时带上公文包会给人以专业人士的印象。公文包不要求很贵重，但应看上去大方典雅，内分多层，能平整地放下 A4 纸大小的文件。所有准备好的文件都应该按类别分别平整地放在公文包里，以备取用时方便快捷，给对方以办事认真仔细、考虑问题周全的印象。

（二）笔记本

在寄出简历的同时，应该把每个公司的招聘信息剪辑、编排，统一整理到一个求职记录本中，以便在收到企业面试通知时进行查询。当然这个求职记录本还应记录即将参加或已参加过的面试时间、地址、联系人、联系方法、面试过程的简单记录及跟进记录等。此本应随时带在身上，以便记录或查询。

（三）身份证、毕业证书及各种证书

准备好身份证、毕业证书及其他各类证书等原件及复印件。如果面试时，公司人事主管提出要查看一些文件的原件而面试者又没有带的话，是非常尴尬和不礼貌的，这是面试礼仪中最不应该发生的。如果有工作成果、作品或者专利证明，务必带上，因为这是证明自己最好的"武器"。

（四）简历和求职信

简历，是求职的"敲门砖"，是求职者与用人单位的第一次接触，其对于求职的重要性不言而喻。对于用人单位来说，一个招聘信息的发布可能会吸引上千份的求职简历，然而能得到他们青睐的最多只有 20%。如何能成为这 20%中的一员，一份好的简历功不可没。制作简历要认真准备、恪守原则、强化细节，如此才能给用人单位留下良好的第一印象。

三、简历和求职信的准备

（一）简历的准备

简历是求职者将自己与所申请职位紧密相关的个人信息经过分析整理并清晰简要地表述出来的书面求职资料，是有针对性的自我介绍的一种规范化、逻辑化的书面表达。在这里求职者用真实准确的事实向招聘者展示自己的经历、经验、技能、成果等内容。对求职者来说，简历是求职的"敲门砖"。

1. 简历的基本结构

（1）个人信息

1）必要内容：姓名、联系方式（手机、电子邮箱、邮寄地址等）。

2）可选内容：性别、年龄、民族、籍贯、政治面貌、照片等。

必要内容是在简历中必须要出现的信息，无论是外企、国企，还是其他性质的企业，对于求职者来说，这些都是必须要有的信息，以方便招聘单位与自己联系。

可选内容的选择取决于招聘单位的具体性质和职位要求，一般来说国企、事业单位倾向于个人信息更全面，他们可能会对求职者有年龄、性别、籍贯、政治面貌等要求。因此应聘这类单位时，建议将这些相应信息体现在简历中。如若应聘的是外企，是否填入这些信息那么就要视具体情况而定。

简历中的照片，要按照招聘要求提供，不要贴生活照、大头照或艺术照，建议采用标准的简历照片。一般贴在简历的右上角。

（2）求职意向：求职者所希望从事的工作、职位、职业目标、地点、性质及薪资等。书写求职意向时尽可能明确和集中，并与自己的专长、兴趣等相一致。在阐述时力求简洁、明了，明确地告诉未来的雇主：我在寻找什么样的工作机会，其中包括职位类型、角色定位等。要让招聘者觉得你与招聘岗位正好相吻合，你才是这个岗位的最佳人选。

（3）教育背景：即求职者接受教育的情况，一般按照时间逆序来写，把最高的学历或者学位放在最前面，然后依次往前推导，一般写到高中阶段，再往前的就不需要写了。

必要内容：起止时间段、学校、专业、学历、学位。

可选内容：参加活动、相关主修课程、成绩排名、研究方向及项目等。

（4）工作实习经历：如有参加过工作实习的经历恰与应聘的职位需求相关的话，那么通过简历筛选的概率就很大，因为相关的工作实习经历最能体现职位要求的技能。虽然应届毕业生没有从事过全职的工作经历，但是实习和兼职经历往往是招聘者的关注点。

（5）获得荣誉：在简历中描写获奖情况时，应特别注意强调奖励的级别及特殊性。最好能够将所获奖励的难度以数字或者获奖范围表示出来，让招聘者明白所获奖励的含金量，从而为你的简历加分。

（6）本人经历：大学以来主要担任过何种职务，参加过何种社会实践，包括勤工助学等经历。特别需要注意的是，一份简历只能有一个求职意向，如果我们有多个职业目标，最好分别撰写不同的简历。每一份简历都要有针对招聘单位的特点和要求，突出相应的重点，表明我们对用人单位的热爱和重视。

样例 11-1　求职简历

姓　　名	×××	出生年月	1995.11	照片
性　　别	男	住　　址	××市历下区	
民　　族	汉族	电　　话		
学　　历	高职	邮　　箱		
求职意向	销售助理			
教育背景	2012.09-2015.06　××大学　市场营销专业			
专业课程	经济学、管理学、会计学、统计学、财务管理、经济法、市场营销学、营销策划案例分析、消费者行为学、公共关系管理、电子商务、市场调查与预测、广告策划、国际金融等。			
实习经历	2015.04 - 2015.06　××化妆品公司　市场专员助理　济南 ➢ 协助部门经理进行产品的目标客户调研及分析，独立设计并制作调研问卷； ➢ 领导 5 名销售实习生，2 天内在商业中心写字楼、地铁站等目标区域派发 1200 份产品调查问卷，成功收回有效问卷 1030 份； ➢ 独立统计调查问卷结果，运用 Excel 进行数据处理及分析，根据分析结果撰写 5000 字调研报告。			

续表

社会实践	2014.06-2015.05　××大学学生会组织部　部长 ➢ 领导部里干事多次成功举办学校"社区文化节""消防知识竞赛""预防安全隐患征文大赛"等大型活动； ➢ 通过多次电话与面谈的方式，两周内为学校迎新生晚会演出拉到赞助费 1500 元和音响设备。
奖励情况	➢ 省级：省政府奖学金（全校 8 人）； ➢ 校级：院长奖学金（全校前 1%）、"优秀学生干部"称号 2 次、"优秀学生"称号 2 次。
技　　能	➢ 语言技能：普通话甲级二等； ➢ 办公技能：熟练使用 Word、Excel、Powerpoint 办公软件。
自我评价	本人在校期间表现良好，具备扎实的专业基础和理论水平，经过 2 个月的实习，能快速地将专业知识与工作实践结合起来，在实习单位得到了上级和同事的一致认可和肯定。为人诚实守信，恪守以大局为重的原则，对工作有着较强的责任感，具备较强的协调和适应能力，可以接受高强度的工作压力，在实践中也深深地体会到团队合作的重要性。

（二）求职信的准备

很多人找工作只投简历，但如果加上一封准备充分的求职信，可以大大提高求职的成功率。求职信是求职过程中很重要的一部分，它通过对求职意向和自身能力的表述，引起招聘人员的重视，进而对你简历上所写的经历与业绩感兴趣，从而进一步建立起双方沟通的桥梁。

一般来说，打开自荐材料，首先看到的是求职信，求职信无论在文体上还是内容上都必须给阅读者留下良好的印象，这样才能使你的求职信从一大堆求职信中脱颖而出。求职信的书写主要注意以下几点：

1. 内容要言简意赅　求职信要短，内容以简洁为原则。一般招聘人员不会有时间看冗长的求职信，所以求职信应尽量在一页纸内完成，两页为上限。

2. 不要做简历的复制　求职信是为了吸引招聘人员继续阅读你的简历，与你的简历是相辅相成的。如果求职信是简单地复制简历，那就丧失了一次更好地介绍自己和弥补简历中未能展示自己能力的机会。

3. 求职信要有针对性　求职信的目的是引起招聘人员对你的兴趣，通常招聘人员对与其企业有关的信息是最敏感的，因此要了解应聘的公司和职位要求，在求职信中有针对性地表达出自己与招聘岗位相对应的能力和经验。

4. 要注意措辞　求职信不宜有文字上的错误。一定要注意措辞，切忌有错字、别字、病句。否则，用人单位依据"文如其人"的说法，可能给你带来更为负面的影响。

相对于简历来说，求职信更重要的是集中地突出个人特征与求职意向，从而打动招聘人员的心，是对简历的简洁概述和补充（样例 11-2）。

样例 11-2　求职信

尊敬的先生/女士：
　　您好！
　　我是××大学市场营销专业的一名应届毕业生，有意申请贵单位销售助理的岗位。
　　通过大学的学习与锻炼，擅长信息的搜集与整理，善于与人交流沟通。而且在××公司实习时做过大量的数据搜集整理工作，自己也做过××产品的策划和推广。具体情况您可以参阅我随信所附的简历。
　　感谢您在百忙之中阅读我的简历！祝万事顺意！
　　（PS：本人现正在济南，希望能有机会与您面谈）

　　　　　　　　　　　　　　　　　　　　　　　　　　　　　　　×××
　　　　　　　　　　　　　　　　　　　　　　　　　　　　　2019 年 06 月 10 日

尊敬的贵公司领导：

您好！首先，非常感谢您能在百忙之中查阅我的求职材料。

我是济南××学院2019届毕业生，得悉贵公司正在招聘销售助理人员，出于对销售工作的喜爱，同时考虑到自身条件与贵公司销售助理岗位较匹配，我慎重地向您投递了这份简历，真诚地希望能有机会参与贵公司的面试，向您展示我的个人能力，如有幸能加入贵公司，我必将为公司的发展做出自己最大的贡献。

个人详细简历请见附件。

此致

敬礼

求职人：×××

2019年06月02日

尊敬的招聘经理：

您好！

我是××学院测控技术及通信专业2016级学生，将于2019年毕业。今从学校就业指导中心得知贵公司正在招聘通信专员实习生，我非常感兴趣希望能应聘贵公司这一职位。

在校期间，我勤奋学习专业知识，努力把理论知识运用到实践中去，曾参加全国大学生电子设计竞赛，并取得佳绩。喜欢电脑，不仅能够熟练地使用基本应用软件，而且顺利通过劳动和社会保障部全国计算机信息高新技术的考试。在英语方面，通过大学英语四级考试。此外，我积极投身学生会和广播站等学生组织为同学服务，表现出色，曾先后荣获校级"优秀三好学生""优秀团员""优秀学生干部""校广播站系统杰出工作者"等称号。

我真诚地希望加入贵公司，我定会以饱满的热情和坚韧的性格勤奋工作，与同事精诚合作，为贵公司的发展尽自己的微薄之力。

感谢您拨冗阅读我的求职材料。祝贵公司事业蒸蒸日上！祝您工作顺心、身体安康、生活幸福！

×××

2019年06月15日

课堂互动

有人认为，已经有了求职简历，求职信就可有可无了，这种想法对不对？为什么？

四、心态准备

良好的心态是成功应聘的基础。面试前几天要调整好自己的情绪，保持良好的精神状态。求职者一旦具备了良好心态，就会在面试时精神饱满，意气风发，充满自信。

1. **积极进取的心态** 作为求职者应该具有积极进取的心态。要把每次面试都看成是千载难逢的好机会，在面试前要认真做准备，查阅资料，对每一个可能会问到的问题、细节都仔细思考。拥有这样心态的人，在面试时一定会正常甚至超常发挥。

2. **充满自信的心态** 每一位求职者都要充满自信，自信心会给求职者带来洒脱和豪情。对任何人来说，相信自己的实力，相信自己的水平，相信自己能够干出一番事业，才会热情地、努力地投身到这个事业中去。自信是对自己的实力有充分的估计和坚定的信心，一个求职者只有坚信自己有实力能胜任某项工作，才能表现出坚定的态度和从容不迫的风度，才能赢得面试官的信任和赏识。

3. **双向选择的心态** 现在的就业方式主要是双向选择的就业方式。从用人单位的角度来看，求职者是在接受"审查"，他们在看其条件是否符合招聘要求。不过，换个角度来看，用人单位和面试官同时也在被求职者"审查"，求职者在看他们给出的条件能不能吸引自己。有了这种双向选择的心态，求职者在精神上就占了上风，面试时就能表现出一种不卑不亢的态度。

4. **输得起的心态** 如果有了不怕挫折、不怕失败、输得起的心态，一个人的自信心就会自然而然地增强，面试时讲起话来也会铿锵有力、掷地有声。总之，经不起挫折、输不起的人才是真正的失败者。有了输得起心态的人，才会不惧失败、勇往直前，也终究会找到称心如意的工作。

5. 团队合作的心态　职场上，最重要的是合作精神、沟通能力。因为职场上不可能一个人完成所有的工作，需要彼此合作，相互包容，共同完成工作目标。如果一个人我行我素，唯我独尊，不能与同事好好合作，不仅会影响到公司的氛围，而且会降低工作效率，是面试官招聘人才的大忌。

第2节　面试礼仪与面试技巧

一、面试礼仪

（一）仪容仪表的准备

面试时，给面试官的第一印象最为重要，而第一印象最直接、最迅速的获得方式，则是通过一个人仪容仪表、气质风度等外在的形象。适宜的仪容仪表不仅能弥补自身条件的某些不足，还能突出自己的优势，使自己在众多面试者中脱颖而出。

1. 仪容的准备　仪容，通常是指人的外观、外貌。保持清洁是最基本、最简单、最普遍的美容。男士要注意细节部位的整洁，如眼部、鼻腔、口腔、胡须、指甲等，发型以短发为宜，并注意保持头发清洁。女士要适当化淡妆，切勿浓妆艳抹，不宜使用过多的香水，发型应美观、大方，不能太夸张或另类。

当然除了外在的仪容美，通过努力学习，不断提高个人的文化、艺术素养和思想道德水准，培养出自己高雅的气质与美好的心灵，使自己表里如一，是仪容美的最高境界。

2. 仪表的准备　面试者应注意自己的仪表形象，着装以庄重或素雅的服饰为宜，不要刻意追求时尚化，以简约大方、彰显个人气质和端庄为前提。男士着装干净利落，现代大学生面试崇尚穿西服套装，以深色为宜，着黑色皮鞋。注意无论多热的天气，男士都不要穿短裤、背心、拖鞋，那样会给人以不稳重的感觉；女士可以穿西装套裙，避免戴过多饰品，饰品避免闪闪发光、不要与宗教有关，否则给面试官的感觉会大打折扣。关于西装的注意事项在本书第3章中有详细介绍。面试中无论男士女士都不要戴帽子、墨镜或手套，佩戴这些是对面试官不尊重的表现。

（二）面试中的礼仪

面试礼仪是面试者留给招聘单位的"名片"，是一个人修养、道德的外在表现，熟练掌握面试礼仪和技巧是取得良好面试效果、保证求职成功的关键。以下是关于求职面试的礼仪技巧。

1. 准时赴约　参加面试要特别注意遵守时间，一般要提前10分钟左右到达，不要迟到，一是平静心情，整理服饰，以饱满的精神出现在面试官面前；二是表达求职的诚意，给用人单位以信任感。

2. 面试中的举止仪态

（1）敲门入室，自我介绍：面试者进入面试室，不管门是否关闭，都应先敲门进入，不要冒失地直接闯入，给人以鲁莽的印象；进门后先微笑环视所有面试官，主动打招呼问好致意，称呼要得体；然后对自己进行简短的介绍，要有针对性地介绍自己，这样会让面试官加深印象。

（2）接受名片：假如对方递送名片应以双手接过来，并认真看一看，熟悉对方职衔，有不懂的字可以请教，然后将名片放入自己上衣口袋或包里以示珍重，千万不要往裤兜里塞。

（3）入座：不要自己主动坐下，要等面试官请你坐时再入座。从座位的左侧入座，入座时要轻、要稳。

（4）坐姿：在面试中，坐的姿态非常重要。一般坐姿要端正，要求头正、挺胸、立腰；上身自然挺直；女士双膝自然并拢，脚尖向正前方，双手交叠自然放于大腿上；男士双脚可平行打开，宽度不超过肩宽；双掌伸开，并自然地放在大腿上（图11-1、图11-2）。

图11-1　面试时女士坐姿　　　　　　图11-2　面试时男士坐姿

坐下时切忌跷二郎腿并不停抖动，左顾右盼，满不在乎，这会引起面试官的反感。不断揉搓手指，会显得你十分紧张，缺乏信心。

（5）站姿：男士和女士面试者的站姿要求是挺胸、收腹、立腰、头正、下颌微收；女士双腿并拢，双脚呈丁字步或V字步，双手相握放于腹前；男士双脚分开略小于肩宽，双手相握自然下垂放于腹前；表情自然、面带微笑注视面试官（图11-3、图11-4）。

图11-3　面试时女士站姿　　　　　　图11-4　面试时男士站姿

（6）递交物件：面试时主动把自己的简历递交给面试官，递交时要双手递上，并把资料文字正向对着面试官。如果面试官需要其他证书，要能迅速找出，并双手呈上。不要在需要递交证书时，手忙脚乱找不到，让人感觉你做事没有条理，准备不足。

（7）举止：面试态度要热情，表现出对单位工作的诚意；面试过程始终面带真诚的笑容；交谈时要姿态端正、自然、放松，且忌做一些捂嘴、歪脖、抠鼻孔、掏耳朵之类的小动作。

3．面试中的言谈

（1）语言表达：面试过程中要注意语气、语速、语调等方面的把握，文明及礼貌用语应得当。注意谈话技巧，讲话不要太直白，说话尽量多用敬语，如"很高兴和您见面，希望尽快得到您的面试反馈""和您谈话学到很多东西，非常希望能在贵公司就职"等，只短短的几句话，面试官会对你产生非常良好的印象，感觉求职者很有教养。交谈中，尽量讲普通话。

（2）面试中聆听的礼仪：要专注倾听，当面试官向你提问或介绍情况时，应该注视对方的双眼，对听到的信息有所反应，要不时地通过表情、手势、点头等进行必要的附和，向对方表示你在认真地倾听；如果巧妙地插入一两句话，效果则更好，如"原来如此""您说的对""是的""没错"等；要善于通过面试官的谈话捕捉信息，认真地品味对方话语中的言外之意、弦外之音、微妙情感，以便正确判断他的真正意思。

（3）面试中交谈的礼仪：整个面试过程中，保持举止文雅大方，谈吐谦虚谨慎，态度积极热情；回答问题要面含微笑，口齿清楚，从容镇定，有问必答，答而真实，用真诚和坦诚征得对方理解和认可；如果有两位以上面试官，回答谁提出的问题，目光就应注视谁，并适时地环顾其他面试官以示尊重；回答问题之前，应对自己要讲的话稍加思索，想好再说，尽量不要引经据典，要有针对性地回答，切勿信口开河、夸夸其谈、文不对题、话不及义；一般情况下不要打断面试官的问话或抢问抢答，否则会给人鲁莽、不礼貌的印象。

（三）面试结束的礼仪

不要以为面试结束了，心情就放松了，礼节也不管了，实际上面试结束后的礼仪是很多用人单位考察人才的重要一环。

（1）离开的礼仪：面试结束后，面试者应边起立，边用眼神正视对方，作最后的表达，以突显自己的热忱；然后感谢面试官及公司给自己机会；离开办公室时，应该把刚才坐的椅子扶正至刚进门时的位置，再次致谢后出门，并随手关门。

（2）保持胜不骄败不馁的心态：面试结束时，不论是否被顺利录取，都要正确对待。如果被顺利录取，不要得意忘形，要不卑不亢，准备好迎接新的挑战；如果求职失败，也不可灰心丧气，要面带微笑，保持礼貌，不失体面和尊严地离开。

（3）总结经验教训：面试结束后，应该仔细记录整个面试经过，分析失误，总结经验教训，以新的姿态迎接下一次面试。

（4）致谢：在面试结束后，最好给面试官写一封感谢信，将自己在面试时的情况、自己的信息、对工作的信心及期待机会等写在感谢信中，加深面试官的印象，增强他对你的好感。

总之，面试时要保持一颗健康、阳光的心态，以饱满的热情体现个人对工作岗位的认同，以素质和个人修养塑造个人魅力，这一点是最重要的。

课堂互动

面试过程中，小王由于紧张，紧紧地攥着手，低着头，不敢看面试官，这样的表现好吗？应该怎么做？在回答面试官的问题时，他左顾右盼，还频频打断面试官的话，急切地询问自己关心的问题，你认为他被录取的可能性大吗？为什么？

二、不同行业的面试及技巧

1. 公务员面试　公务员作为国家公职人员，要具备一定的形象气质。因此公务员的面试，除了要遵循上述的礼仪与技巧，还有些特殊面试技巧，以表现出面试者干练、阳光、大方、自信、从容的精神面貌。

（1）面试的形式：公务员面试最常用的是结构化面试和无领导小组讨论两种形式。结构化面试，即按照事先制定好的面试提纲上的问题一一发问，并按照标准格式记录面试者的回答和对他的评价；无领导小组讨论，即采用情景模拟的方式对考生进行集体面试，通过给一组考生（一般是5~7人）一个与工作相关的问题，让考生们进行一定时间（一般是1小时左右）的讨论，来检测考生各方面的能力和素质，由此对考生作出综合评价。

在发言时要积极主动，审时度势，尽最大努力说服其他考生，发言要注意说话的技巧，言词要恳切可信，避免过于冗长，做到言简意赅。

（2）角色意识：回答问题时，不能再以一般群众的立场回答问题，而是以公务员身份、从社会事务管理者的角度去思考和分析问题，从积极方面进行作答，以突出考生与这个职位有较高的匹配性。如果面试者对社会现象的某一方面（特别是政治问题）发表比较偏激的见解，会给面试官留下一个不好的印象，是公务员面试中的大忌。

（3）自信成熟，气势十足：公务员面试是在选拔基层的工作人员，社会需要更多成熟干练、做事踏实的人员。一名优秀的公务员，必须是一个有自信的人，能够具有由内而外的气度，常常表现为行为举止从容稳重、不卑不亢，谈吐仪态大方得体，考试要选拔的也正是这样的人才。因此，公务员考试中，具备较强的自信心，往往是成功的关键。

（4）措辞适当，逻辑清晰：多了解国家的时事政策，面试时要善于应用，如果措辞肤浅虚夸，像涉世未深的学生或缺乏政治素养的群众，会给面试官一种随便的印象。谈话中不要使用外语和方言，注重礼仪，不要失礼、失态，注意说话的层次性和逻辑性，这是对公职人员的重要要求（图11-5）。

2. 企业面试　如果你想进入到心仪的企业中工作，在面试环节中表现出色，必然要吸引面试官的注意，那么你成功的概率就会很大。下面介绍企业面试中的一些特殊技巧。

（1）搜集信息，了解企业：从各个渠道收集面试企业的信息。首先通过浏览企业的网页，或阅读有关的报道，具体、深入地了解企业

图11-5　公务员形象

所在的行业及行业所处的经济环境等信息，从而在面试中融会贯通；其次还要争取了解清楚面试官的姓名，在公司的职位和角色等。如果面试当天你能熟练地称呼面试官，并恰当地表达出你对企业的行业背景和发展前景的看法，必定会使面试官对你刮目相看。

（2）了解要应聘的岗位要求：通过企业的招聘简章或网页，了解企业需求的岗位，根据自身条件，未来可能的工作方向，最终选择适合自己的岗位。应聘前汇总自身的学历、拥有技能、知识优势、过去的经历经验，以保证适合应聘岗位的要求，从而在面试前树立自信，这样才能够在面试中始终保持足够的自信，夺取最终的胜利。

（3）有针对性地介绍自己：企业面试中，求职者往往被要求介绍自己。这是突出自己的优势和特长，展现综合素质的好机会，千万不可千篇一律。自我介绍要突出与申请职位相吻合的长处，最好用具体生动的实例来证明自己，说明问题，而不是泛泛而谈。适当讲述个人成功的经历和事例，讲述经历时，与面试职位紧密联系的经历优先说，其他工作经历后说。

（4）善于沟通，有团队协作精神：大多数面试官都希望找到一位有创造力、性格良好，既能融入团队与队友有效合作，又能带动他人共同完成工作目标的人才。因此，面试中展现自己的语言交际能力和人际交往能力十分有价值，这既是团队协作中有效沟通的基础，又是受过良好教养和有竞争力的标志（图11-6）。

图11-6　企业管理人员形象

3. 空乘人员面试　空乘人员是指在客机上从事服务的人员，空乘人员必须品德高尚，热爱民航服务工作，具有良好的职业道德修养，有较强的安全保密意识和高度的工作责任心，做事认真严谨，思维敏捷，遇事灵活应变，有较好的团队意识和服务意识。空乘是个让人羡慕的职业，每年的招生、报考和面试都异常的火爆，要想取得面试的成功，一定要注意以下几个方面。

（1）服务意识：空乘人员是为旅客服务的，要有为他人服务的热情，这点十分重要，一定要在空乘面试中表现出来。因此，面试回答问题时，要注意站在考官和客户的角度去分析问题，看待事情和处理问题都应以客户的利益为出发点，站在客户的立场去思考解决方法，然后结合各方面的关系，给出问题的最佳答案，最终取得较好的面试成绩。

（2）有针对性地展现优势：在空乘人员的面试中，招聘简章都会对这个岗位提出一些基本条件，面试者在面试中就要针对这些条件把自己的优势充分展现出来。展示优势时，要诚实而不夸张，针对空乘职位的要求，充分展现自己有关的能力和才干。

（3）体现综合素质：人际交往上空乘人员要有较好的与人沟通的能力和亲和力，面试时要注意通过表情、肢体语言和交谈等引起面试官的感情共鸣，让面试官感受到你的亲和力；作为空乘人员，因为遇到的突发事件可能较多，所以要求面试人员有较强的心理承受能力，在面试过程中，面试官可能提出刁钻的问题考验你的承受能力，这时不要紧张，更不要反感厌恶，要通过积极的心理暗示"考官看好我，所以考验我"，沉着冷静地展示良好的修养和风度；随着航空公司的国际化，还要求考生说得一口流利的英语甚至第二外语，同时还通过历史、地理、逻辑等内容考查考生的综合能力，这要求考生平时多学习，多读书，有真才实学。另外，由于飞机上的乘客受自身健康状况的影响，经常会发生健康方面的突发事件，因此具备医学、药学、护理学专业知识和技能的人员更受面试官的青睐。

（4）形象气质：空乘专业更看重考生的形象气质，要求仪表清秀，端庄大方，无口吃，体态匀称，动作协调，并有符合行业标准的身高。除此之外，考生的肤色要好，身上要无明显瘢痕、斑点，牙齿色质也要好，且要排列整齐。在进行个人形象展示时，站姿、走姿、蹲姿都要符合仪态礼仪（图11-7）。

（5）自信而富有朝气：很多人以为空乘专业只追求漂亮，这其实是个误区，其实面试官对本色、自信、有朝气的面试者更加偏爱。因此在空乘面试过程中，一定要体现出你的自信、朝气，这样才会给空乘面试官留下很好的印象。

作为一名合格的空乘人员，要从内心深处认同空乘这份职业，从内心深处树立服务意识、责任意识和仁爱意识。良好的风度需要长时间的培养和锻炼，空乘人员更需要在长期的飞行中培养自己的性格，提高自己的文化素质，加强自身的修养。

图11-7　空乘人员形象

（6）空乘人员面试的基本流程：①初试：到报名地点后，先交报名表，分组进行面试，一般10人一组进入考场，每个报考人员进行简单的自我介绍（姓名、年龄），然后走出考场等候下一步的面试通知，没得到再次面试通知的人员被淘汰。②复试：第二次面试由面试官单独面试，面试内容包括英文对话及其他有关问题，内容比较详细。第二次面试通过后，在考场等候通知面试结果。有的航空公司可能还要安排第三次面试或者进行笔试的考试。③体检：参加体检后等待体检结果。④体检合格后一般还要进行公司有关领导参加的集体面试，面试中会对参加面试人员提出问题，内容大致和第二次基本相同，但是参加此次面试的面试官会比较多,所以要求面试人员不要紧张,这是考验你的极好机会,是否成功可能就在此一举。⑤最终审核、录用并通知培训。

4. 护理人员面试　护士被称为白衣天使,她需要有爱心、细心、责任心及耐心,一名优秀的护士不仅需要了解诊疗护理常规,熟练掌握护理操作技能,而且要有很强的亲和力、沟通能力及语言表达能力。

(1)具有高度的责任心、良好的职业道德:守时是职业道德的一个基本要求,尤其护理专业时间观念更为重要。作为一名医护人员,特别是护士,将来要负责病人的一切护理事宜,如输液、拔管等,对于时间观念的要求比较严格。因此一定要准时到达面试地点,绝对不能迟到,要知道一旦走上工作岗位,所做的都是关系着病人生死的大事,来不得半点拖拉。

(2)专业素养:护理专业的面试相对于其他面试来讲,更加注重考察考生的专业知识储备、专业操作技能及相关的职业道德。因此面试前要多了解一些消毒隔离和护理的常识;面试中可能被要求进行一些专业操作,技术要过关,如静脉注射时能一针见血,又如你给一个病人进行输液,突然出现了不良反应,你该如何应对等;心态方面,整个面试过程要始终把自己当成是站在真正的病人面前,许多人文关怀的细节是不能省略的;另外作为护理人员,要时刻牢记"无菌观念",面试的时候切忌东摸西碰,以免给面试官留下不专业的印象。

(3)形象得体:作为医护人员,尤其要讲究个人形象,毕竟在病人的心里,护士就是白衣天使,因此不能有化浓妆、涂抹指甲油等与自身职业相悖的打扮。面试时最好准备一套合适的护士服,同时举止要得体大方,说话音量上要有意识地放平和,言语要礼貌,使面试官能体会到你的亲和力(图11-8)。

(4)善于沟通,举止稳重:语言方面要做到吐字清晰,稳重大方,富有亲和力,因为护士这一职业常常需要同病人沟通,良好的语言表达能力是同病人建立相互理解、信任、支持的护患关系的基本要求;面试等待时最好在指定区域落座,不要四处溜达,也不要来回走动显得急躁不安,可以看看面试医院的简介材料,了解医院的大体情况,会对你的面试有所帮助;面试时要自信,不要紧张不安,因为护理的关键是沉稳,这样一旦遇到紧急情况才能冷静应对;面试是双向选择,面试时在适当时机可以问问科室的发展方向、和病人的沟通、与医生的配合、面试官对护士的期望等问题,可以使面试官感觉你有责任心而且善于沟通,加深对你的印象。

图11-8　护士形象

·课堂互动·

公务员和公司职员面试时各有什么特点?需要注意什么?

小　　结

本章主要介绍了面试前的准备工作、面试礼仪和面试技巧。在面试前准备工作中介绍了信息的搜集和自我定位、面试前物品的准备、心态准备、简历和求职信的准备;在面试礼仪与面试技巧中介绍了仪容仪表的准备、面试中的礼仪、面试结束的礼仪和不同行业的面试及技巧。

思考题

1. 面试前如何选择面试单位?
2. 在面试前都需要做什么样的准备?
3. 书写简历包括哪些内容,书写的注意事项是什么?
4. 公司职员面试时应注意什么技巧?

第12章 沟通礼仪

第1节 沟通的含义及意义

案例12-1

1. 某商店人手短缺,为减少送货任务,商店要求服务人员将原来的问话顺序——"是您自己拿回去呢,还是给您送回去"调整为"是给您送回去呢,还是您自己带回去",顾客听到后一种问法,大都说:"我自己拿回去吧",大大节省了送货的人力成本。

2. 一家咖啡店卖的可可饮料中可以加鸡蛋。售货员就常问顾客:"要加鸡蛋吗?"后来在一位人际关系专家的建议下改为:"要加一个鸡蛋,还是加两个鸡蛋?"咖啡店销售额大增。

想一想: 1. 沟通的过程中,怎样才能让人更受欢迎?
　　　　　2. 沟通过程中需要注意哪些礼仪?

案例点评: 无论商务活动还是人际交往中所进行的语言沟通或非语言沟通,采用恰当的技巧,均能取得好的效果。

一、沟通的含义

沟通是在工作和生活中,一方将信息通过语言文字或仪表仪态、眼神手势等某种途径和方式传递给另一方,另一方得到信息后变成自己的"译码",继而做出相应反应的过程。

沟通礼仪就是沟通过程中应该遵守的原则、技巧和规范。

二、沟通的意义

日常生活中,人际沟通无处不在。家人之间进行交流是沟通,同学、同事之间信息传递是沟通,上下级、客户之间信息传递是沟通,领导与职工间的交流也是一种沟通。沟通不当,会带来不好的甚至严重的后果。沟通礼仪具有以下几种重要意义:

1. 良好的沟通是人们生存与发展所必需的基本技能　沟通是个人身心健康、家庭和睦的保证。孤独时,良好的沟通会使你得到安慰;忧愁时,良好的沟通会使你得到快乐。与恋人的有效沟通,能使你品尝到爱情的甘甜;与家人的有效沟通,可以促进家庭关系和谐,减少不必要的争吵。

2. 良好的沟通是获取信息的重要手段　在信息化社会,信息更新的速度极快,信息落后,就不能适应这个时代,有效的信息对我们来说非常重要。一个国家获得的信息越多,发展就越快;一个人获得的知识信息越多,进步就越快,可供选择的机会也越多。

3. 良好的沟通是事业成功的关键　沟通礼仪是人际关系的调合剂,有助于提高沟通效果,建立良好的人际关系。也可以帮助人们协调工作关系、同事关系,增进朋友双方友谊,成就领导与员工的相互理解与信任。可以说,良好的沟通能力决定着我们学习、生活、事业的成功与失败。

4. 良好的沟通有助于企业和组织的有效运转　企业和组织的决策需要一个有效的沟通过程才能实行,沟通的过程就是对决策的理解传达的过程。决策表达准确、清晰、简洁是进行有效沟通的前提,对决策的正确理解是实施有效沟通的目的,从而提高工作效率,化解管理矛盾。

沟通已成为人们现代生活中不可缺少的内容。"双70定律"告诉我们:管理者70%的时间用于沟通，70%的出错是由于沟通失误引起的。因此充分理解沟通意义，准确把握沟通原则，适时运用沟通技巧十分重要。

第2节 沟通的类型

按照沟通的组织系统、组织结构、信息的载体及沟通的渠道等划分，沟通可以分为以下几种类型。

一、按照组织系统划分

按照组织系统划分，沟通可分为正式沟通和非正式沟通。

1. 正式沟通 是指通过组织规定的形式进行信息的发布、传递和交流。例如，企事业单位的汇报制度、会议制度，按照组织系统逐级进行上传下达。其优点在于沟通效果好，具有较强的约束力，一般较重要的信息通常采用这种方式。缺点是速度慢，不易进行感情的交流。

2. 非正式沟通 是指组织规定的形式以外的其他沟通形式。例如，座谈、总裁接待日、员工活动、私下聊天等都属于非正式沟通。非正式沟通，有时比正式沟通更易传递感情，在工作中发挥的作用更大。

二、按照组织结构划分

按照组织结构划分，沟通可以分为上行沟通、下行沟通和水平沟通。

1. 上行沟通 是指下级对上级的自下而上的沟通形式。例如，向上级汇报情况、提供建议、提供方案、申报项目等沟通。

2. 下行沟通 是指上级对下级的自上而下的沟通形式。例如，向下级传达指示、通报、会议精神、布置任务、提出要求等。

3. 水平沟通 是指同一层级的部门人员之间的工作协调、协商和交流等。

三、按照信息的载体划分

按照信息的载体划分，沟通可以分为语言沟通和非语言沟通。

1. 语言沟通 按照信息的载体，语言沟通又分为口头语言沟通和书面语言沟通两类。口头语言沟通是最常用的，同时也是保障信息整体性（语言的内容、说话人的思想和感情等）的最佳沟通方式。书面语言沟通，可以修正文字，达到文字和内容的精准性，另外它可以超越时间和空间的限制，具有持久的保存性。

2. 非语言沟通 是指通过动作、眼神和面部表情、语气等语言以外的形式进行的信息沟通，它更容易传递思想和情感。非语言沟通与语言沟通结合起来使沟通更具有感染力。

四、按照沟通的渠道划分

按照沟通的渠道划分，沟通可分为面对面沟通、电话沟通、网络沟通等。

本章重点介绍面对面沟通、电话沟通和网络沟通等几种沟通类型。

第3节 面对面沟通礼仪

面对面沟通在商务、政务和社交场合中都是最常见的一种沟通方式。例如，商务或政务拜访、召见、招聘、咨询、调研、谈判、上下级和平级之间的工作汇报和业务沟通，公司业务人员的产品介绍和推销，以及服务人员与顾客的沟通等都需要面对面沟通。因此，掌握面对面沟通的技巧是每一位从业人员必须具备的一项工作能力。

一、面对面沟通的载体

面对面沟通传递信息的方式主要为语言传递和非语言传递（图12-1）。语言传递是指语言的具体内容，在沟通过程中，语言沟通传递的是信息；而非语言沟通（包括：语气、眼神、表情、动作、着装、礼物等）传递的是思想和情感。

在面对面的沟通过程中，语言与非语言部分哪个更重要呢？尽管语言是人类传播信息的主要载体，但是非语言部分在信息的传播过程中扮演着不可小觑的角色。非语言研究专家艾伯顿·梅热比提出了如下公式：

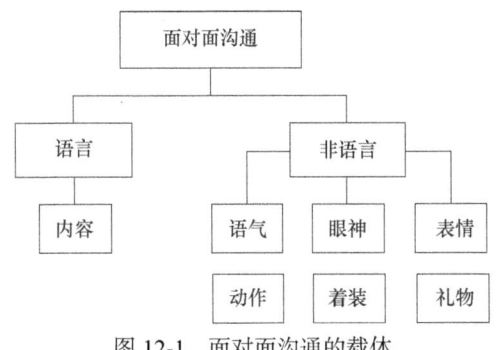

图 12-1　面对面沟通的载体

沟通双方相互理解＝表情（55%）＋语气（38%）＋语言（7%）

在上述公式中语言本身只占7%，而非语言部分却占了93%。这个公式充分说明人类的非语言部分在信息的传播中起着举足轻重的作用。

二、沟通礼仪的原则

（一）敬人自律的原则

相互之间的尊重是良好沟通的基础，不失敬于人，不伤害他人的尊严，更不侮辱对方的人格，是建立良好关系的前提条件。尊重上级是一种天职，尊重同事是一种本分，尊重下级是一种美德，尊重客户是一种常识，尊重所有人是一种教养。掌握了这一点，就等于掌握了礼仪的灵魂。

案例12-2

小张刚进入一个新的工作环境，渴望被大家认可，甚至想让大家尽早了解自己的能力。所以在与同事谈话的过程中无论主题是什么，总会做出突显自己、主张自我的表现。

案例点评：小张所暴露出的自我表现形式，常常使别人产生排斥感和厌恶的情绪。

在沟通的过程中，既要敬人，也应自律，既需要尊重对方，也应自我检点，自我约束，不可以自我为中心，不顾及沟通的另一方，妄自尊大。

（二）真诚耐心的原则

真诚是人与人相处的基础，是礼仪的一条重要原则。每个人在社会交往活动中都应该诚心待人，恪守信用，履行承诺。

在沟通中还特别需要耐心，尤其是耐心倾听。这样才可以获取完整准确的信息，减少不必要的误会和不愉快，促进和谐沟通。

（三）清晰准确的原则

沟通中应学会表达清晰，倾听准确，以便准确清晰地传递信息。

案例 12-3

"救火！救火！"消防队的电话里传来了紧急而恐慌的呼救声。"在哪里？"消防队的接线员问。

"在我家！"

"我是说失火的地点在哪里？"

"在厨房！"

"我知道，可是我们该怎样去你家？"

"你们不是有救火车吗？"

案例点评： 很显然，这样的沟通是无效的，无法很好地解决问题。

（四）适度适时的原则

适度就是把握分寸。在沟通中，既要到位，又不可过头。

例如，营业员对顾客介绍产品，不可语气、表情冷漠，但热情过头，也容易引起顾客的反感，甚至怀疑是否推销假冒伪劣产品。

适时就是时间观念要强，沟通交流的时间节点选取要恰当，如尽量不在他人休息时间沟通事项。同时沟通交流的时间长短也要恰当，如打电话前，最好先想好要讲的内容，以便节约通话时间。

三、面对面沟通礼仪注意事项

面对面沟通除了要求态度谦虚诚恳耐心，表情亲切、自然、热情和良好的口语沟通能力外，还应注意下列几点：

（一）善于倾听

古希腊伟大哲学家苏格拉底曾说，上天赐人以两耳两目，但只有一口，欲使其多闻多见而少言，形象而深刻地说明了倾听的重要性。俗语说，智者善听，愚者善谈，少说多听，便于从别人谈话中学到东西，也便于听清楚之后交流更顺畅，还可给人留下谦逊的好印象，便于以后交往。

全神贯注，认真聆听。这表明你是一个尊重别人的人。在聆听时要适时做出积极的反应，以表明你聆听的诚意，如点头、微笑或简单重复对方的谈话要点等（图 12-2）。

图 12-2 善于倾听

（二）赞美和提问

恰如其分的赞美不可缺少，它能使交谈气氛变得更加轻松、友好。

恰当地提问则不仅可以解决您的困惑，还可以激发对方的表达欲望。这是在社交场合中让谈话不冷场的一个重要方法。

（三）称呼符合规范

沟通时应根据对象与场合，采用恰当的称呼方式。

1. **按身份称呼** 身份是一种地位象征，也是一种尊严的象征，因而在需要展现他人地位和尊严的场合，我们一定要在称呼内容中加入对方的身份特征。例如，对方是某公司企业的老板，我们应称呼对方为×总、×董事长等；如果是某单位的领导，我们应称呼为×主任、×局长等。

2. **按职业称呼** 对于教师、艺术家、作家等知识分子，我们可以尊称他们为老师；对于工人、厨师和司机等劳动者，我们可以尊称他们为"师傅"；对于政府机关从业人员，我们可以尊称他们为同志。

3. 按年龄称呼　对于年纪辈分比自己大的人，我们可以称呼大爷、大娘、叔叔和阿姨；同龄人我们可以称呼哥哥、姐姐、弟弟、妹妹等；对于明显比自己小的人，可以称呼小同志、小朋友、小伙子、小姑娘。

4. 按场合称呼　交谈时的场合因素是最微妙的，同时也是最普遍的，需要我们理清场合，把握分寸。例如，在官方场合，即使对方和我们私下关系再密切，都应该使用官方称呼。

（四）选择合适话题

1. 适宜的话题　既定话题；格调高雅的话题；对方擅长的话题；轻松愉快的话题；时尚流行的话题。

2. 禁忌的话题　非议别人的话题；涉及别人隐私的话题（年龄、收入、婚姻、个人经历、宗教信仰等）；有争论的话题；批评别人的话题。

3. 找到共同话题　多考虑对方的兴趣点，多站在对方的角度。

（五）表达准确流畅文明

1. 言之有物　沟通的内容明确，有内容，有内涵，有思想。
2. 言之有序　沟通的内容条理性强，思路清晰。
3. 言之有礼　多用礼貌用语，沟通的内容文明。
4. 言之准确　沟通的意思明确。
5. 言之清晰　语音清晰、语调平和沉稳。
6. 言之不繁　不要啰唆，不要喋喋不休，也要给别人表达的空间。

（六）表情、语言均需适度有分寸

表情、声音等要亲切、自然、热情，言语有度，但不可过分。

（七）交谈六不要，六不准

1. 交谈六不要　一不要喋喋不休；二不要一言不发；三不要尖酸刻薄；四不要无事不晓；五不要打听隐私（婚姻状况、收入、年龄、健康状况、家庭地址等）；六不要逢人诉苦。

2. 交谈六不准　一不准挖苦对方；二不准教训对方；三不准否定、纠正、补充对方（不是原则问题时）；四不准质疑对方；五不准与他人争执；六不准随意打断对方。

知识拓展

（一）文明五句
1. 问候语　您好！
2. 请求语　请。
3. 感谢语　谢谢！
4. 抱歉语　对不起！
5. 道别语　再见！

（二）礼貌三声
1. 来有迎声　外人来时主动打招呼，电话也要先问好。
2. 问有答声　文明诚信，别人问话一定要回答。
3. 去有送声　要善始善终，别人离开或对话结束要送别。

（三）热情三到
1. 眼到　友善注视；注意部位、角度、时间。
2. 口到　普通话；因人而异；表达准确、清晰、简短、幽默。
3. 意到　意思要表达出来。要善用微笑，不可面无表情，冷若冰霜；要跟对方互动，不可毫无反应。

第4节 电话沟通礼仪

> **案例12-4**
>
> 张芸是新入职的经理助理，第一天上班，在整理办公桌上的物品时，电话铃响了，她犹豫了一会要不要接，大约半分钟后还是接了起来。
>
> 张芸："喂，谁啊？找谁？"
>
> 客户："您好，我是你们销售部李经理的老客户，请问她在吗？"
>
> 张芸一直没有停下整理物品，由于物品发出的声响，导致她没有听清楚。于是她继续问道："我没听清，你找谁？"
>
> 客户："我找你们销售部李经理。"
>
> 张芸："哦！等着！"
>
> 张芸跑到销售部对着正在接电话的李经理说："有你电话。"
>
> 李经理回答："你留下对方的姓名和联系方式，我这边忙完给他回电话。"
>
> 张芸回到办公桌前，拿起电话说："喂，李经理问你是谁，她说一会儿给你回电话。"
>
> 客户："哦……，我过会儿再联系她吧。"
>
> **想一想**：张芸在实际工作中的行为符合电话礼仪的规范吗？假如你是刚才打电话那位客户，说说你的心理感受？

电话是现代社会沟通交流中使用最普遍的一种通信工具。电话沟通是仅次于面对面沟通的一种有效沟通渠道。因此，掌握正确的电话沟通礼仪和技巧是十分必要的。

一、接听电话礼仪

1. **准备记录工具** 平时办公桌前要随时备好便笺纸、笔等记录工具，方便留言记录，避免临用时四处翻找，让对方长时间等待，耽误双方时间。

2. **端正坐姿** 接听电话时要端正坐姿，姿态端正会使你的声音清晰、精神饱满，对方虽然看不到你的姿态，但是能感觉到你的姿态和精神面貌，不端正的姿势，对方会感觉到你的懈怠。

3. **接听电话** 在电话铃响起三声内接起电话，第一印象至关重要，且很难改变，要面带微笑说出重要的第一声（图12-3）。

图12-3 接听电话的礼仪

第一声先问好，再自报家门："您好！这里是××公司××部，请问有什么需要帮助的吗？"语气要柔和、声音要适中，吐字要清楚。

当对方告知来电话的目的和需求后，再使用礼貌用语，询问对方姓名和工作单位，如"请问怎么称呼您？您的单位是？"等等。

如果通话过程中有不清楚的内容，可礼貌地请求对方适当重复。在听清楚回答后，要及时做好记录。

通话记录要全面，一般电话的记录遵从 5W1H 要点：When（何时）、Who（何人）、Where（何地）、What（何事）、Why（为什么）、How（如何进行）。

4. 如果通话时间较长，要在通话期间实时回应对方，如使用"是的、好的"等表示你在认真接听。如需要打断通话或让对方等待时,应给予说明并致歉,并询问对方是否愿意等待。

5. 结束通话　结束通话一般由来电话的一方或者通话双方中的尊者提出结束交谈。结束通话前我们要感谢对方来电,并礼貌地说再见,等待对方先挂电话后,自己再挂电话。

6. 其他注意事项　①通话时如果有他人走来,不得目中无人,应点头致意,如果需要与来人讲话,应对通话人讲"请您稍等",然后捂住话筒,与来者小声交谈。②电话中断,应由来电一方处理。③友善对待打错电话的人,给对方留下良好印象,此人有可能成为你将来的客户。④另外,接听电话期间,最好暂停手头工作,防止注意力不集中而漏掉通话中的重要信息,如果让对方觉察到你的分心,会给对方留下不良印象。

二、转接电话礼仪

当来电是找其他同事或领导时,应礼貌地让对方稍等,并说:"请您稍等,我帮您转接过去。"

当同事外出不在办公室,或领导外出安排你代接电话时,应该先礼貌地告诉对方所找的人不在,礼貌询问对方有什么事,是否需要转告,若需要转告则记录下对方需要转告的内容,待同事或领导回来后及时转告。

如果对方找领导接听电话,若领导不愿意接电话时,应设法圆场,通话期间,不懂的问题,不要轻易表态。

三、拨打电话礼仪

1. 选择适当的时间　拨打电话要选择适当的时间,除特殊情况外,应尽量避开工作繁忙时段和休息时段。

(1) 工作日早上上班前不要拨打电话,这时人们正准备吃早餐或正在上班的路上。

(2) 节假日 9:00 以前,所有的三餐时间和 22:00 以后不要拨打电话,这一时间段内人们正在用餐或休息。

(3) 拨打对方办公电话,宜在对方单位上班时间一刻钟以后和正式下班一刻钟前拨打,避开刚上班时和下班前的忙乱。

(4) 不是特别要紧的事,最好避开周一上午打电话,因为周一上午一般是各单位或部门开会布置一周工作的时间。

(5) 国际电话,要搞清各地区时差、是否是夏令时及各国工作时间的差异,尽量在对方工作时间打电话。

2. 通话前的准备　通话前可适当罗列通话提纲或注意事项,做到有备无患,防止遗漏部分通话内容。通话前准备好笔、纸或备忘录方便记录通话中的重要事项。

3. 礼貌通话　接通电话后要先礼貌问候对方,确定对方是自己所要拨打的电话对象时,再自我介绍,然后再告知自己拨打电话的相关事宜。通话期间要语调柔和,音调稍高,吐字清楚、言语要简洁明了;对于对方的询问应礼貌应答。

4. 结束通话　重要的事情沟通完之后,就可以礼貌地提出结束通话,得到对方回应后,礼貌地说再见,挂断电话。

5. 拨错电话　如果拨错电话,应礼貌地道歉后再挂掉电话。

四、手机使用礼仪

(1) 静音礼仪:在重要场合特别是会见客户时应关闭手机或改为静音或震动模式。有来电时尽量不要接听，如有必要接听手机电话，一定要离位，然后再接听。

（2）选择一款合适的铃声，在工作场所，要注意电话铃声不要太个性化，音量不要太大，以免干扰其他同事。

（3）通话要注意场所，音量尽量放低，不可旁若无人。

（4）对于隐私性强的话题或私人电话最好找一个僻静的地方接听。

（5）由于手机包含个人隐私，不要借用他人手机通话，尤其不要借用客户的手机。在万不得已必须借用时，要诚恳地向对方说明情况，请对方帮忙拨通电话，自己再接听，尽量缩短通话时间，结束通话后立即归还并道谢。

第5节　网络沟通礼仪

网络本质上是一种无形的人与人的联系与沟通工具，因此，人们在使用网络时也必须要遵守一定的网络规则。这些网络规则，就是网络礼仪。

一、收发邮件礼仪

收发电子邮件是现代人们利用网络交流最常见的内容，也是最重要的方式。在收发电子邮件的不同阶段，网络用户都务必要遵循一定的规则。

1. 撰写与发送电子邮件

（1）在收件人板块上撰写时，应准确无误地输入对方的邮箱地址，并应简短地写上邮件主题，以使对方对所收到的邮件先有所了解。

（2）在正文板块上撰写时，应遵照普通信件所用的格式和规则。邮件篇幅不宜过长，以便收件人阅读。

（3）邮件用语要礼貌规范，以示对对方的尊重。

（4）不要随便发送无聊、无用的垃圾邮件，无端增加网络的拥挤程度。

2. 接收与回复电子邮件

（1）应当定期打开收件箱，查看有无新邮件，以免遗漏或耽误重要邮件的阅读和回复。

（2）应当及时回复邮件。一般应在收件当天予以回复，以确保信息的及时交流和工作的顺利开展。若涉及较难处理的问题，则可先回复发件人已收到邮件，再择时另发邮件予以具体回复。

（3）若因急事或其他原因而未能及时查阅和回复邮件时，查阅后尽快回复，并向对方致歉。

3. 保存与删除电子邮件

（1）要定期整理收件箱，对不同邮件分别予以保存。

（2）对需要保存的邮件，应当复制成其他形式，更为安全地保留下来。既可复制在硬盘或软盘上，也可打印成稿。

（3）要及时清理删除垃圾邮件，防止邮箱太满无法接收新的邮件。

二、QQ、微信等沟通礼仪

QQ、微信是通过网络进行沟通的，但也应遵守如下原则：

1. 遵守底线，不违反法律规定　　无论是在网络还是现实生活中，沟通都要遵守底线，不能违反法律规定，不能损害他人利益，不能为达到自己的目的而歪曲事实，不在网站上发布、转载违法、庸俗、格调低下的言论、图片、信息等，抵制黄色、低俗、诽谤、恶意攻击等不健康的网上聊天、交友、游戏等活动，不利用网络知识进行攻击网站网页、盗取钱财和信息等活动，维护网络安全和网络秩序。

2．切忌造谣、侮辱、欺诈他人　不要造谣生事、随意抨击他人，千万不要觉得自己在互联网中就是一个虚拟人物，造谣也找不到你，这样想就大错特错了。许多互联网造谣案例告诉我们，造谣和传播谣言，对于社会产生负面作用的话，本人是要负刑事责任的。

3．保持平常心，减少负面表达，传播正能量　在互联网中，我们可以尽情地表达自己的情感，但是不要发负面情绪的消息，因为不仅会对你的个人形象不利，也会让看到的人负能量满满。也不要因为在网络上遇到什么心塞的事就影响到自己的心情，更没必要在网络上与人争吵互骂等。

4．辨析真假，增强自我保护意识　大家切记天上没有掉馅饼的好事，贪小便宜最终会吃大亏，个人信息、财产信息不可随意外泄。

5．技巧

（1）巧用"表情包"。图片可以弥补文字的空洞感，也显得不呆板。表情包除了要美观外，也要丰富生动，达到"此时无声胜有声"的效果。

（2）打造个人独特的识别符号。设置特有的QQ、微信的气泡、头像、昵称、签名、文字模式下的字体颜色和大小等，尽可能保持稳定，不要经常更换，尽量选择积极向上的，这是个人品牌的外在表现，正如大品牌并不天天换logo、产品名、产品外包装一样。

（3）扬长避短。如果你具有声音优势，音色好，普通话标准，唱歌好等，你可以选择发QQ、微信语音，这样更能反映个人的性格特征。

（4）巧用语气词和符号。

事实上，人们在社交场合的行为准则也适用于网上交流。

小　结

本章主要介绍了沟通的含义、意义及沟通的类型。在沟通的类型中重点介绍了面对面沟通、电话沟通及网络沟通的基本礼仪和技巧。

思考题

1．什么是沟通？沟通礼仪有什么意义？
2．简述沟通礼仪的分类。
3．语言沟通礼仪有哪些？各有什么礼仪规范？

社交礼仪篇

第13章 宴会礼仪

案例13-1

郭先生是一名销售经理，有一天因为一笔重要的业务他要宴请客户王经理。郭先生先到酒店，等王经理到了后郭先生便叫来服务员开始点菜，点好菜后对王经理说："王经理，我也不知道这些菜合不合你的口味，你看还要再点些其他的吗？"王经理说不必了。席间，郭先生不顾王经理的一再推托，非常热情地用自己的筷子不停地为王经理夹菜。随着谈话的逐渐深入，郭先生感觉王经理对他比较满意，业务成功的概率很高，如释重负，跷着二郎腿，边吃边说，唾沫横飞。后来郭先生在吃肉骨头时感觉有肉渣钻进了牙缝，于是就拿起桌上的牙签，当众剔牙，还将剔出的肉渣放在了桌上。王经理见状，借口有急事离开了饭局，从此失去了联系。

想一想：郭先生的做法符合礼仪规范吗？哪些地方不对？应该怎么做才正确？

第1节 中餐礼仪

我国是一个传统的礼仪之邦，中华饮食，更是源远流长。我国自古讲究民以食为天，吃饭用餐都很有讲究，饮食礼仪自然成为饮食文化的一个重要组成部分，在我国传统文化中占据十分重要的位置。饮食礼仪因宴席的性质、目的而不同，不同的地区，也是千差万别。

一、宴请的类型

国际上通用的宴请形式有宴会、茶会、招待会、工作餐等多种形式，举办宴请活动采用何种形式，通常根据活动的目的、邀请的对象及经费开支等各种因素而定。

（一）宴会

宴会为正餐，是宴请的一种形式。宴会有国宴、正式宴会、便宴之分，按举行的时间，又有早宴、午宴和晚宴之分，其隆重程度、出席规格及菜肴的品种与质量均有区别。一般来说，晚上举行的宴会较之白天举行的宴会更为隆重。

1. **国宴** 国家元首或政府首脑为国家庆典，或为外国元首、政府首脑来访而举行的正式宴会，规格最高。宴会厅内悬挂国旗，安排乐队演奏国歌及席间乐，席间致辞或祝酒。

2. **正式宴会** 除不挂国旗、不奏国歌及出席规格不同外，其余安排大体与国宴相同。有时亦安排乐队奏席间乐，宾主均按身份排位就座。

3. **便宴** 非正式宴会，这类宴会形式简便，可以不排席位，不作正式讲话，菜肴道数亦可酌减。便宴较随便、亲切，宜用于日常友好交往。

4. **家宴** 即在家举行的宴会，也就是家常便饭。

（二）茶会

茶会是一种简便的招待形式。举行的时间一般在16：00左右（亦有10：00举行）。茶会通常设在客厅（不用餐厅），厅内设茶几、座椅，不排席位。但如是为某贵宾举行的活动，入座时，应有意识地安排主宾同主人坐到一起，其他人随意就座。茶会顾名思义是请客人品茶，因此，茶叶、茶具的选择要有所讲究，或具有地方特色。一般用陶瓷器皿，不用玻璃杯，也不能用热水瓶代替茶壶。

（三）招待会

招待会是指各种不备正餐的较为灵活的宴请形式，备有食品、酒水饮料，通常都不排席位，可以自由活动。常见的有冷餐会、自助餐、酒会等形式。

1．冷餐会 这种宴请形式的特点，是不排席位，菜肴以冷食为主，也可用热菜，连同餐具陈设在菜桌上，供客人自取。这种形式常用于官方正式活动，以宴请人数众多的宾客。

2．自助餐 自助餐和冷餐会大致是相同的，只是现代自助餐比较丰富，而且有比较多的热菜，甚至有厨师当场给你煎炒。

3．酒会 招待品以酒水为主，略备小吃，不设座椅，仅置小桌（或茶几），以便客人随意走动。酒会举行的时间较灵活，中午、下午、晚上均可，请柬上往往注明整个活动延续的时间，客人可在活动期间任何时候到达和退席，来去自由，不受约束。这种招待会形式较活泼，便于广泛接触交谈。

（四）工作餐

按用餐时间分为工作早餐、工作午餐、工作晚餐，是现代职场中经常采用的一种非正式宴请形式（有的时候由参加者各自付费），利用进餐时间，边吃边谈。如代表团访问时，往往因日程安排不开而采用这种形式。

课堂互动

1．请同学们说说宴请的主要形式有哪些？
2．你参加过哪种形式的宴请？

二、宴请的礼仪

宴请是国际交往中最常见的交际活动之一。各国和各地的宴请都有自己国家或民族的特点与习惯。成功的宴请体现出主人的诚意与修养，需要前期做好充分的准备工作。

（一）主办方宴请筹备

1．确定宴请的目的 宴请的目的多种多样，有婚宴、生日宴、欢迎宴、欢送宴，也有年会、厂庆、贵宾来访或者开幕式等。

2．确定宴请对象 根据宴请的目的确定宴请对象，不同的宴请目的针对的对象不同。

3．确定宴会的时间 应根据宴请的目的和主宾的情况而确定宴会的时间。一般来说，宴请的时间安排对主客双方都较为合适为宜，最好事先征求一下主宾的意见。一般不选择重大节假日，也不安排在双方禁忌日，尽量为客人方便着想，避免与工作、生活安排发生冲突。

4．预订酒店 根据宴请的目的、宴请的人员、宴请规格、预算开支等确定宴请的地点，提前预订酒店。如是官方隆重的宴请活动，规格高的安排在国会大厦、人民大会堂或高级饭店，一般规格的则根据情况安排在适当的饭店进行。在条件允许的情况下，可在宴会厅外另设休息厅，供宴会前简短交谈用，待主宾到达后一起进入宴会厅入席。

一定注意选择的酒店要有足够的场所，能容纳下参加宴请的全体人员。预约酒店时要说清人数和时间，如果是婚宴或其他特别的日子，可以告知酒店宴会的目的和预算。

5．邀请函 正式宴会大多采用书面邀请函；非正式宴会则通常通过电话通知或者主人亲自向所请之人当面发出邀请。

（二）宴请的程序

非正式宴请活动不需要讲究严格的程序，但较正式的宴请活动则要按一定的程序来进行。一般有这样一些程序。

1．迎宾 宴会开始前主人应站在大厅门口迎接客人。客人到来后，主人应主动上前握手问好，表示对客人的欢迎。

2. 引导入席　将客人引向休息厅或宴会厅。一般是主人陪同主宾进入休息厅或宴会厅的主桌，接待人员引导其他客人入席。

3. 致辞、祝酒　正式宴会一般都有致辞和祝酒。我国习惯是在开宴之前讲话、祝酒、客人致答谢词。

4. 用餐　主人应努力调节宴会气氛，注意选择恰当的话题进行交谈，使整个用餐过程愉快、有趣。

5. 送客　宴会结束一般先由主人向主宾示意，请其做好离席准备，然后从座位上站起，这是请全体起立的信号。主人送客要送到车前或大门口，客人告辞时应礼貌地向主人道谢，通常是男宾先向男主人告辞，女宾先向女主人告辞，然后交叉，再与其他人告辞。

（三）赴宴礼仪

宾客参加宴会，无论是代表组织还是个人，从入宴到告辞都应注重礼节规范。这既是个人素质与修养的体现，也是对主人的尊重。

1. 认真准备

（1）应邀：接到邀请，能否出席应尽早答复对方，以便主人做出安排。一旦确定出席，就不要随意改动，万一遇到特殊情况不能出席时，尤其是作为主宾，要尽早向主人解释、道歉，甚至亲自登门表示歉意。

（2）修饰：出席宴会之前，一般应梳洗打扮一番，使自己看起来容光焕发。女士要适当化妆，男士梳理头发并剃须。衣着要求整洁、大方、美观。根据宴会的目的、规格和形式，男士、女士可以着西装、礼服，以给宴会增添隆重热烈的气氛，正式宴请忌着便装。

（3）备礼：如果参加家庭宴会，可给女主人或者主人家的孩子准备一份礼品，在宴会开始之前送给主人。礼品价格不一定很高，但要有意义，如送给女主人一束鲜花或者送给孩子学习用品和书籍等。

2. 按时抵达　按时出席宴会是最基本的礼貌。出席宴请活动，抵达的迟早、逗留时间的长短，在一定程度上反映对主人的尊重，应根据活动的性质和当地习俗掌握。抵达宴会的时间既不能过迟，也不能过早。过迟，让人家等着不礼貌；过早，人家没有准备好，显得仓促，一般宜正点或略晚几分钟到达，但最晚不能超过10分钟。

课堂互动

公司举行年会，让你负责联系酒店，你应该怎样做？

（四）就餐礼仪

在就餐过程中，无论是主人还是客人，都应该注意礼仪，这是体现就餐者个人素养的重要一环。

1. 餐前　进餐前，女士要注意抹掉自己的口红。

2. 布菜　每当上来一道新菜，主陪可以给主宾和副宾布菜或者请主宾先动筷子以示对他（们）的重视和尊重。布菜要用公筷，不要用自己的筷子为别人夹菜，这样做不仅不卫生，而且会让对方为难。

3. 取菜　取菜应从靠近自己的盘边夹起，不要从盘子中间或靠近别人的一边夹起，更不要左顾右盼，翻来覆去在公用的菜盘内挑挑拣拣，夹起来又放回去。

4. 进食过程　食物应小口小口地送入口中，细嚼慢咽，喝汤或咀嚼食物不要发出声音；嘴里有食物时不要说话；餐桌上手势、动作幅度不宜过大，更不能用餐具指点他人；使用餐具时，动作要轻，不要相互碰撞；坐姿要端正，手肘不要放在桌面上，也不要伸懒腰、打哈欠，毫无控制地打饱嗝。

5. 端茶倒酒　如果要为别人端茶倒酒，要记住"茶要浅，酒要满"的礼仪规则。

6. 宴会结束　自己用完餐，不要随意离席，要等主人和主宾餐毕先起身离席，其他客人才能依次离席，离席时应相互照应，帮助邻座长者或女士挪开椅子。如有要事必须离开，需先跟主人或者主宾打招呼示意。

课堂互动

同学们，如果你接到朋友的饭局邀请，你应该怎样做？如果应邀的话，席间要注意什么？

三、中餐的桌次和座次安排

中餐宴会中的席位排列，关系到来宾的身份和主人给予对方的礼遇，是一项重要内容，分为桌次安排和座次排列两方面。

（一）中餐的桌次安排

桌次安排以"面门为上，以远为上（离门远），居中为尊，以右为尊"为原则，以及邻台为上（靠近讲台的餐桌为主桌）、观景为佳（观赏景致和演出角度最佳处为上座）、各桌同向（各桌的主位与主桌主位保持同一方向）。当主桌确定后，以主桌为基准，右高、左低、近高、远低。

1. 两桌宴请　两桌组成的小型宴请，可以分为两桌横排和两桌竖排的形式。两桌横排时，桌次是以右为尊，以左为卑。这里所说的右和左，是由面对正门的位置来定的。两桌竖排时，桌次讲究以远为上，以近为下。这里所讲的远近，是以距离正门的远近而言（图13-1）。

2. 多桌宴请　在三桌及以上宴请时，除了根据上面桌次安排的原则外，其他各桌还参照离主桌的远近，"以近为主、以远为次"的原则安排。如果为大宴，桌与桌间的排列讲究首席居内居中，面门定位，右边依次2、4、6席，左边为3、5、7席，根据主客身份、地位、亲疏分坐，所用餐桌的大小基本一致，除主桌外，其他各桌都不要过大或过小（图13-2、图13-3）。

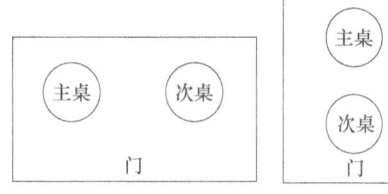

图13-1　两桌排列桌次

图13-2　三桌排列桌次

图13-3　多桌排列桌次

（二）中餐的座次安排

宴请时，每张餐桌上的具体位次也有主次尊卑的分别。

1. 主桌主人位置　主人大都应面对正门而坐，并在主桌上就座。

2. 每桌主人位置　举行多桌宴请时，每桌都要有一位主桌主人的代表在座。位置一般和主桌主人同向，有时也可以面向主桌主人。

3. 客人位次　圆桌位次的具体排列可以分为两种具体情况，第一种情况，每桌只有一名主人,主宾、副宾分别在主陪的右边、左边就座,每桌只有一个谈话中心;第二种情况,有主陪、副陪,副陪在主陪对面,即背对着门的位置,主宾和副宾分别在主陪的右边、左边就座,三宾、四宾分别在副陪的右边、左边就座,每桌从客观上形成了两个谈话中心。如果主宾身份高于主人,为表示尊重,也可以把主宾安排在主人位子上坐,而请主人坐在主宾的位子上。另外,每张餐桌上安排的用餐人数应限在10人以内,最好是双数(图13-4)。

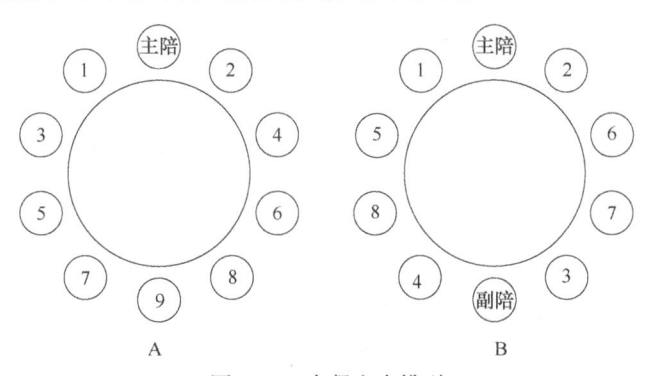

图13-4 中餐座次排列
A. 一个主位时的位次安排;B. 两个主位时的位次安排

课堂互动

如果让你安排一场婚宴,你知道如何排列桌次和座次吗?

四、中餐点菜

宴会菜谱的确定,应根据宴会的规格,客人的身份及宴请的目的,做到丰俭得当。整桌菜应有冷有热,荤素搭配,有主有次,主次分明,既突出主菜,如海参、鲍鱼等,以显示菜肴的档次,又配一般菜以调剂客人的口味,如特色小炒、传统地方风味菜等,以显示菜肴的丰富。

(一)点菜三规则

如果时间允许的话,应该等大部分客人到齐后,传阅菜单让客人点菜,如果客人坚持由主人点菜的话,主人也不必客气,可以自己点菜。点菜遵循以下规则:

1. 人员组成 一般来说,人均一菜,然后再搭配一个冷盘与一道汤就可以了。如果是男士较多的餐会可适当加量。

2. 菜肴组合 菜肴及酒水要考虑到客人的喜好、饮食习惯、通行的常规、地方特色。一般来说,最好是有荤有素,有冷有热,尽量做到全面。如果桌上男士多,可多点些荤食,如果女士较多或有小孩,则可多点几道清淡的蔬菜与甜品。

点菜时可先询问服务员特色菜,然后再点一些家常菜就可以了。并不是点的菜越贵越好,根据宴请客人的情况,可以选择一两个或是几个重点特色菜,具体菜肴的确定,还应以适合多数客人的口味为前提,尤其要照顾主宾的饮食习惯。

3. 宴请的程度 根据宴请客人的重要程度,来确定点菜的平均价格。一般的客人,平均一个菜30~60元是完全可以接受的;如果宴请重要的客人,就需要点几个高规格的菜品,如特色菜和价格较高的菜;如果想进一步提高宴请的规格,可以给每个客人点一盅炖好的汤,如燕窝、鲍鱼或鹅掌等。

注意点完菜后,可以问一下客人是否满意,是否有补充,以示对客人的尊重。点完菜以后,需要一并点好主食,可根据客人的地域来选择主食,或是选择具有本地特色的主食,在北方一般以面食作为主食。

还有一点需要注意的是，点菜时千万不要当着客人的面询问菜肴的价格或讨价还价，这样会显得小气，而且客人也会觉得不自在。

（二）中餐点菜的"三优四忌"原则

在宴请他人之前，主人一般要对所选的菜单进行再三斟酌，着重考虑哪些菜肴宜选，哪些菜肴禁忌，一般遵循"三优四忌"的原则。

1. 三优原则

（1）选择有中餐特色的菜肴：宴请外宾的时候，这一条更要重视。像炸春卷、煮元宵、蒸饺子、甜沫、油旋、胶东大包、狮子头、宫保鸡丁等，并不是多贵重的美味佳肴，但因为具有鲜明的中国特色，所以受到很多外国人的推崇。

（2）选择有本地特色的菜肴：如山东的葱爆海参、九转大肠、荠菜春卷、芝麻排骨等；西安的羊肉泡馍；湖南的毛家红烧肉；上海的红烧狮子头；北京的涮羊肉等。宴请外地客人时，上这些特色菜，恐怕要比千篇一律的生猛海鲜更受好评。

（3）选择本餐馆的特色菜肴：很多餐馆都有自己的特色菜，上一份本餐馆的特色菜，能说明主人的细心和对被请者的尊重。

2. 四忌原则　在安排菜单时，还必须考虑来宾的饮食禁忌，特别是对主宾的饮食禁忌要高度重视。这些饮食方面的禁忌主要有四条。

（1）宗教禁忌：对于宗教方面的饮食禁忌，一点也不能疏忽大意。不同的宗教有着不同的饮食禁忌，因此，在安排菜单时，做到提前沟通，注意相关饮食禁忌，充分尊重来宾的饮食习惯。

（2）地方禁忌：不同地区，人们的饮食偏好往往不同。对于这一点，在安排菜单时要兼顾。例如，山东人口味偏咸，四川人和湖南人普遍喜欢吃辛辣食物；英美国家的人通常不吃宠物、稀有动物、动物内脏、动物的头部和脚爪等；宴请外宾时，尽量少点生硬需啃食的菜肴，外宾在用餐中不太会将吃到嘴中的食物再吐出来。

（3）职业禁忌：有些职业，出于某种原因，在餐饮方面往往也有各自不同的特殊禁忌。例如，国家公务员在执行公务时不准吃请，在公务宴请时不准大吃大喝，不准超过国家规定的标准用餐，不准喝烈性酒；驾驶员工作期间不得喝酒；另外，在职人员中午就餐一律不准喝酒。要是忽略了这些，有可能使对方犯错误。

（4）个人禁忌：有些人由于身体原因，在饮食上有所禁忌，如心脏病、脑血管病、动脉硬化、高血压和中风后遗症的人，不适合吃狗肉；肝炎病人忌吃羊肉和甲鱼；患有胃肠炎、胃溃疡等消化系统疾病的人也不适合吃甲鱼；高血压、高胆固醇患者，要少喝鸡汤等；还有些人为素食主义者，不吃肉等。

课堂互动

你的客户来拜访你，你请他到当地饭店吃饭，在不铺张的情况下如何点菜才能让客户吃得好又有面子？

（三）中餐上菜的顺序

正规的中餐在礼仪上很是讲究上菜顺序，一般按凉菜、热炒、主菜、主食、点心、果盘等顺序进行。

1. 凉菜　有冷拼和花拼。有时种类可多达数十种。最具代表性的是菜心（或黄瓜）凉拌海蜇皮、馓子拌苦菊、蔬菜拼盘、皮蛋等。

2．热炒　视规模选用滑炒、软炒、干炸、爆、烩、烧、扒等组合。

3．主菜　主菜的道数通常是四、六、八等偶数，因为国人普遍认为偶数是吉数。在豪华的餐宴上，主菜有时多达十六或三十二道。

主菜使用不同的材料，配合酸、甜、苦、辣、咸五味，以炸、蒸、煮、煎、烤、炒等各种烹调法搭配而成。常见的有各种鱼类、红烧肘子、清炖排骨、海参汤、鲍鱼、乌鸡汤等。

4．主食和点心　中餐主食主要有水饺、面条、米饭、锅贴、烧饼、油旋、蒸包、各种杂粮馒头、各种肉菜馅饼等。甜点主要有各种水果、豆沙和枣泥饼、蛋糕、各种烘焙小点心等。

5．果盘　一般最后上果盘，用于爽口、消腻，如西瓜、橙子、火龙果、红提、蛇果等。

五、中餐餐具的使用

中餐餐具主要有杯子、盘子（碟）、碗、筷子、汤匙，辅助餐具有水盂、牙签、湿巾等（图13-5）。

（一）杯子

杯子主要有水杯和酒杯，水杯用来盛放清水、茶水和各种饮料，酒杯用来盛酒。正式的中餐宴会上，水杯放在菜盘左前方，酒杯放在右前方。

（二）盘子

中餐常常有两个盘子叠放在一起，上面稍小点的盘子是食盘，下面的是托盘。食盘的主要作用：一是用来暂放从公用菜盘里取来的菜肴；二是用来盛放不吃的残渣、骨、刺等。

图13-5　中餐主要餐具

食盘一次不要取放过多的菜肴，不要把多种菜肴堆放在一起；不吃的残渣、骨、刺不要吐在地上、桌上，而应轻轻取出放在食盘前端，不要直接从嘴里吐放在食盘上，要用筷子夹放到食盘前端，如果食盘放满了，可请服务员及时更换。

（三）碗

碗主要是用来盛放主食、羹汤的，注意不要双手端起碗来，不要向碗里乱扔废弃物，也不能将碗倒扣在桌上。端起碗时，应该用大拇指扣住碗口，食指、中指、无名指扣碗底，手心空着。

（四）筷子

筷子是中餐最主要的餐具。用筷子取菜要注意下面几个问题：

1．不论筷子上是否残留着食物，都不要去舔。

2．和人交谈时，要暂时放下筷子，不能一边说话，一边挥舞筷子。

3．不要把筷子竖插在食物上面。因为这种插法，只在祭奠死者的时候才用。

4．不能用筷子从菜中扒弄着吃，显得没有教养，也不卫生。

5．有汤汁的菜，在夹菜的过程中，要避免筷子上的汤汁滴落，最好用自己的碗接菜。

6．筷子只是用来夹取食物的，用来剔牙、挠痒或是用来夹取食物之外的东西都是失礼的。

（五）汤匙

汤匙的主要作用是舀取菜肴、汤、粥等食物。用筷子取食时，也可以用汤匙来辅助。用汤匙取食物时，不要过满，免得溢出来弄脏餐桌和衣服。在舀取食物后，可以在原处"暂停"片刻，汤汁不再往下流时，再移回来享用。

暂时不用汤匙时，应放在自己的碟子上，不要把它直接放在餐桌上，或是让它在食物中"立正"。用汤匙取食物后，要立即食用或放在自己碟子里，不要再把它倒回原处。如果取用的食物太烫，不可用汤匙舀来舀去，也不要用嘴对着吹，可以先放到自己的碗里等凉了再吃。不要把汤匙塞到嘴里，或者反复吮吸、舔食。

（六）水盂

在宴席上，当上鸡、龙虾、水果时，有时会送上一小水盂，水上漂浮有玫瑰花瓣或柠檬片，供洗手用（曾有人误以为饮料，以致成为笑话）。洗手时，两手轮流蘸湿指头，轻轻涮洗，然后用餐巾或小毛巾擦干。

（七）牙签

尽量不要当众剔牙。非剔不行时，用另一只手掩住口部，剔出来的东西，不要当众观赏或再次入口，也不要随手乱弹，随口乱吐。剔牙后，不要长时间叼着牙签，更不要再用来扎取食物。

（八）湿巾和餐巾

正式的中餐宴会，餐桌上会有一块湿毛巾，它只能用来擦手；有时候，在正式宴会结束前，会再上一块湿毛巾，和前者不同的是，它只能用来擦嘴，不能擦脸、抹汗。

餐巾，必须等大家坐定后才可使用。餐巾可铺在并拢的大腿上，以其折缝向内大三角的顶端向外；也可将一角垫在食盘下，对角垂于桌下（国内中餐多采用）。

六、喝酒与敬酒

在中国文化中，餐桌是人们交流思想、增进友谊的场所。酒文化是中餐文化的重要组成部分，中餐中的喝酒与敬酒是一门学问，掌握好这门学问，不仅体现出良好的个人修养，更重要的是代表公司的形象和实力。

1. 敬酒一定要站起来，双手举杯，碰杯时要注视对方，以示敬重友好。
2. 敬酒要有敬酒词，赴宴前要根据赴宴的人员情况和本次赴宴的目的提前做好功课，也可以背熟几个常用的祝酒词，避免举杯时尴尬的场面。
3. 可以多人敬一人，不可一人敬多人，除非是单位领导在特殊节日、特殊场合共同庆祝，敬祝全体员工。
4. 敬酒顺序一般是主人敬主宾，陪客敬主宾，主宾回敬，陪客回敬；如果与领导或长辈喝酒，一般是领导或长辈先互敬，等他们相互喝完了，其他人先从领导或长辈开始，按照顺时针方向敬酒。
5. 举杯祝酒时，主人和主宾先碰，人多时可以同时举杯示意，不一定碰杯。
6. 在主人和主宾祝酒、致辞时应停止进餐，停止交谈。
7. 自己的酒杯低于别人的酒杯，这是基本的礼仪，但自己如果是领导或长辈，不要放太低，不然别人不好做。
8. 劝酒要适度，切莫强求；宴会上切忌饮酒过量，否则易失言失态。
9. 自己敬别人，如果碰杯，加一句话："我喝完，您随意"，方显大度。
10. 如不能喝酒，可以礼貌地说明，不要在别人给你倒酒时用手盖住杯口，更不可以把杯子倒置。
11. 多桌宴请时，主人与贵宾席人员敬酒后，要到其他席敬酒，此时席上各位宾客应起立举杯。

温馨提示： 服用抗菌类药物（如头孢类、甲硝唑、替硝唑、呋喃唑酮等）、镇静催眠药（地西泮、巴比妥类）、解热镇痛药（阿司匹林、布洛芬等）、降糖药（格列本脲、二甲双胍、胰岛素等)、抗心绞痛药、降压药、抗过敏药、利尿药等药时不要饮酒,以免发生意外。

> **课堂互动**
> 春节家庭大聚会,当你敬酒时,你的敬酒词是什么?应该按怎样的顺序敬酒合适?

第2节 西餐礼仪

> **案例13-2**
> 韩先生第一次参加西餐宴会,餐厅豪华而气派的装修,空气中回荡的音乐都使韩先生心动。在宴会开始后,他为了吃得畅快,在座位上先是脱掉了西装外衣,后来又摘下了领带。在用餐的过程中,背部一会斜靠着椅背,一会将胳膊肘支在餐桌上,并且一边嚼东西一边举着刀叉与左右的人说话。同桌的人都露出厌恶的神情。
> **想一想**:请分析韩先生就餐时不当的举止并说出正确做法。

随着中西方文化交流的日益广泛,现代人生活方式也发生了变化,西餐已经逐渐进入了中国人的生活。西餐礼仪不仅用于对外交流和对外合作中,而且已进入我们的大众生活,成为现代职场和社交场合中不可缺少的礼仪。

一、西餐的预约

去正式的西餐厅就餐,需要事先预约,越高档的西餐厅越需要事先预约。预约时,首先要说清人数和时间,其次表明是否要吸烟区或视野良好的座位。如果是生日或其他特别的日子,可以告知宴会的目的和预算。要在预定时间内到达,有急事时要提前通知,取消定位一定要道歉。

提前两周告知要邀请的人,以表示尊重和重视。接受他人邀请时,应尽早回复是否赴约。

二、西餐的桌次和座次安排

西餐礼仪中的桌次和座次安排是十分重要的,这关乎对每一位客人的正确定位和尊重。

(一)西餐的桌次安排

西餐多以长桌为主,一般根据人数多少、场地大小自行设置。常见的排列方法有一字形排列、T形排列、U形排列、山形排列等(图13-6)。

(二)西餐的座次安排

1. 座次排列 西式宴会的席次排位与中餐一样也讲究右高左低,同一桌上席位高低以距离主人座位远近而定。其座次排列方式主要有四种方式。

(1)主人位置在中间(法式就座方式):男女主人对坐(如无女主人,则主人与主宾对坐),女主人右边是男主宾,左边是男次宾,男主人右边是女主宾,左边是女次宾,陪客则尽量往旁边坐。餐桌两端可以坐人,也可以不坐人(图13-7)。

(2)主人位置在两端(英美式就座方式):男女主人分别就座于长桌的两端。若夫妇一起受邀,则男主宾坐在女主人的右手边,女主宾坐在男主人的右手边,左边则是次

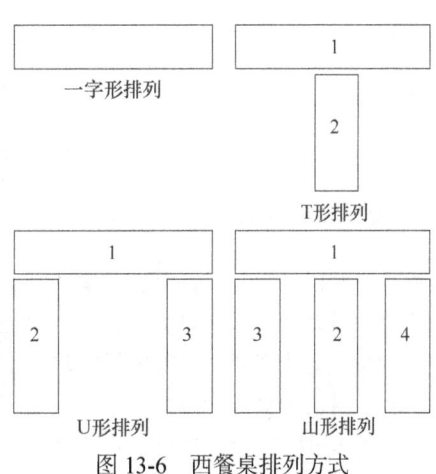

图13-6 西餐桌排列方式

客的位置，陪客尽量往中间坐（图13-8）。

图 13-7　西餐法式座次排列

图 13-8　西餐英美式座次排列

（3）桌子是T形或U形排列时，横排中央位置是男女主人位，身旁两边分别是男女主宾座位，其余依序排列（图13-9、图13-10）。

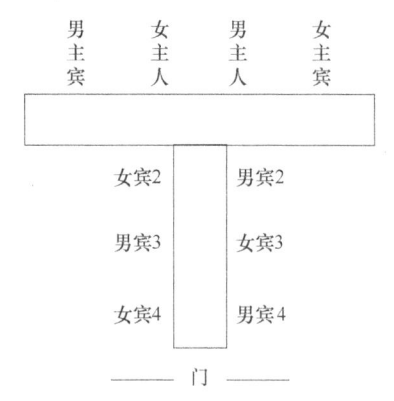

图 13-9　西餐T形桌座次排列

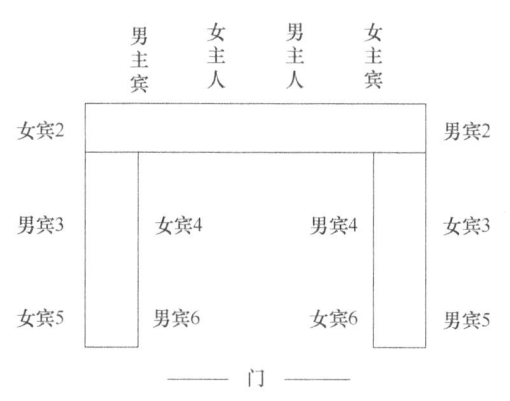

图 13-10　西餐U形桌座次排列

（4）圆桌座次排列：西餐主要以长方桌为主，有时也用圆桌。西餐的圆桌位次排列见图13-11。

2．座次的排列规则

（1）恭敬主宾：在西餐中，主宾极受尊重，即使来宾中有人在年龄、职位、身份高于主宾，主宾仍是主人关注的中心。在排座时，应请男女主宾分别紧靠女主人和男主人就座，以便进一步受到照顾。

（2）女士优先：西餐礼仪里，往往体现女士优先的原则。一般女主人为第一主人，在主位就位，男主人为第二主人，坐在第二主人的位置上。

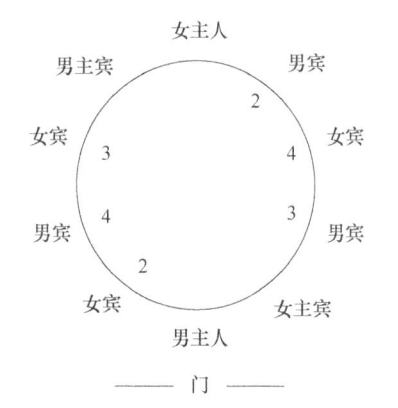

图 13-11　西餐圆桌座次排列

（3）以右为尊：排列座次时，基本原则是以右为尊。当男女主人相对而坐时，男主宾要排在女主人的右侧，女主宾排在男主人的右侧，按此原则，依次排列。当男女主人并排而坐时，男女主宾分坐在女主人和男主人身边。

（4）交叉排列：西餐排列座次与中餐的区别是，讲究交叉排列，即男女应当交叉排列，这样有助于男士为女士服务。

（5）距离定位：西餐位次的尊卑，是根据其距离主位的远近决定的。距主位近的位置要高于距主位远的位置。

（6）面门为上：按礼仪的要求，面对餐厅正门的位子要高于背对餐厅正门的位子。

> **课堂互动**
> 西餐的座次安排遵循什么规则？说说与中餐座次排列的异同？

三、西餐菜单结构

西餐有正餐和便餐之分。西餐正餐，其菜序复杂多样，一般由前菜→汤类→副菜→主菜→蔬菜类菜肴→甜品→饮料组成。普通情况下，方便简单的西餐便餐也是不错的选择，主要由前菜、汤、主菜、甜品、咖啡五道菜肴构成。

（一）前菜

前菜（又称头盘、开胃菜，appetizer）是西餐的第一道菜，通常有冷或热之分，常见的有鱼子酱、鹅肝酱、熏鲜鱼、鸡尾杯、奶油鸡酥盒、焗蜗牛等。因为要开胃，所以开胃菜一般都具有特色风味，味道以咸和酸为主，数量较少，质量较高。

（二）汤

西餐的汤（soup）大致可分为清汤、奶油汤、蔬菜汤和冷汤等四类，品种有牛尾清汤、各式奶油汤、海鲜汤、美式蛤蜊周打汤、意式蔬菜汤、俄式罗宋汤、法式焗葱头汤。冷汤的品种较少，有德式冷汤、俄式冷汤等。

（三）副菜

一般水产类、蛋类、面包类、酥盒菜肴均称为副菜（side orders）。西餐吃鱼类菜肴有专门的调味汁，有鞑靼汁、荷兰汁、白奶油汁、酒店汁、大主教汁、美国汁和水手鱼汁等。

（四）主菜

主菜（main course）是肉类和禽类菜肴。肉类主要是牛、羊、猪肉；禽类菜肴主要是鸡、鸭、鹅、兔肉等。肉类最有代表性的是牛肉或牛排，烹调方法常用烤、煎、铁扒等，配肉类菜肴的调味汁主要有西班牙汁、浓烧汁精、白尼斯汁、蘑菇汁等。禽类菜肴中品种最多的是鸡，有山鸡、火鸡、竹鸡等，做法有煮、炸、烤或焖，主要的调味汁为黄油汁、咖喱汁、奶油汁等。

（五）蔬菜类菜肴

蔬菜类菜肴（salad）可以安排在肉类菜肴之后，也可以与肉类菜肴同时上桌，所以可以算为一道菜，或称为一种配菜。蔬菜类菜肴在西餐中称为沙拉。

（六）甜品

点心和水果又称甜品（dessert），是在主菜后食用的，它主要包括蛋糕、煎饼、奶酪、布丁、冰淇淋、水果等。

（七）饮料

饮料（drink）主要有咖啡、红茶等，其主要作用是助消化。饮咖啡一般要加糖和淡奶油，也有什么都不添加的黑咖啡；茶一般要加香桃片和糖。咖啡和茶二者选择其一，不能同时享用。

> **课堂互动**
> 说说西餐正餐的主要菜序。

四、西餐餐具

（一）西餐餐具的摆放

西餐餐具的摆放有一定的规矩，最常见的摆放形式见图13-12。

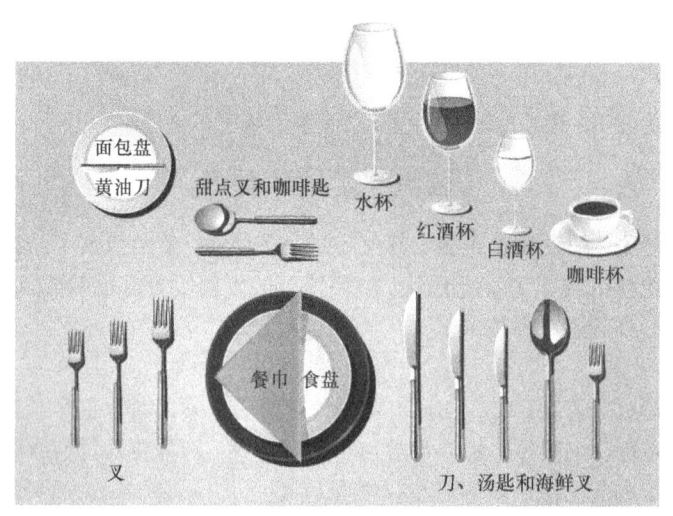

图 13-12 西餐餐具摆放

1. **餐盘/汤盘** 有时统称为食盘，摆在中央，餐巾置于食盘的上面或左侧。

2. **刀、叉和匙** 刀平行放于食盘的右侧，刀刃对着盘子，刀的大小从右至左逐渐增大，汤匙放在餐刀右边，匙心朝上，汤匙的右边有时还有一把海鲜叉；叉放在食盘的左边，叉齿朝上，从左至右逐渐增大。

3. **玻璃杯** 摆放在餐桌的右上角，与桌子边缘呈45°角，自左至右，最大的是水杯，然后依次为红酒杯、白酒杯、咖啡杯/茶杯等；或者依次为水杯、香槟杯、红酒杯、白酒杯、咖啡杯/茶杯等。

4. **面包盘** 放在食盘的左前方，上置黄油刀，食盘正前方则放咖啡匙和甜点叉。

（二）西餐餐具的使用

1. **餐巾用法**

（1）餐巾暗示着宴会的开始和结束。西餐宴会上女主人是第一顺序，女主人不坐，别人是不能坐的，女主人把餐巾铺在腿上是宴会开始的标志；女主人把餐巾叠放在左侧桌子上，是宴会结束的标志。

（2）点完菜后，在前菜送来前的这段时间把餐巾打开，往内折1/3，让2/3平铺在腿上，盖住膝盖以上的双腿部分（图13-13），防止进餐时掉落下来的菜肴、汤汁弄脏自己的衣服，注意不可将餐巾挂在胸前。

（3）餐巾可用来擦嘴，也可用来擦手，但绝不可用来擦脸部或擦刀叉、碗碟等。吃完后用餐巾的一角轻轻揩去嘴上或手指上的油渍便可。

图 13-13　餐巾的摆放

（4）进餐一半回来还要接着吃的话，餐巾应放在你座椅的椅面上（图13-14），表示暂时离开，如果放在餐桌面上则表示不回来了。

2. **刀叉的使用**　西餐中的刀和叉是主要用餐工具，其作用类同于中餐中的筷子。

（1）刀叉的使用顺序是从外向内使用，即先使用外面小的叉吃前菜，再逐渐使用里面大的叉吃鱼和主菜等。

（2）刀叉并用：右手持刀，食指按住刀柄，左手持叉，食指按住叉柄，叉齿向下。切食物时，先用叉把食物按住，右手须先将刀轻轻推向前，再用点力拉回并向下切，才不会发出刺耳的声音（图 13-15）。

图 13-14 暂时离席餐巾的放法 　　　图 13-15 刀叉的使用

（3）食物要切成合适的大小，再用叉送入口内。英国式用法是不换手，一边切一边叉食；美国式用法则是切割后，将刀放下换右手持叉送食入口。

（4）刀与叉还有另一项非常重要的功用：刀叉的摆置方式传递出用餐的讯息（图 13-16）。

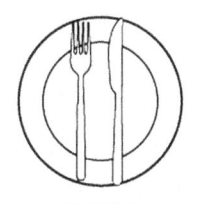

继续用餐　　　　　　　用餐结束

图 13-16 刀叉语言

3. 汤匙的用法　汤匙除了前菜用、汤用、咖啡用、茶用之外，还有调味料用汤匙，多用于甜点或是鱼类料理。

（1）喝汤时不可用手托起汤碗，直接就口来喝。要用汤匙由内向外舀食（图 13-17），再送入口中。

（2）若汤品过烫时，应放旁边待凉后再喝，不可用汤匙搅来搅去。

图 13-17 汤匙的用法

课堂互动

请同学们说说西餐餐具的用法。

五、西餐的礼仪规范

西餐与中餐相比，不仅仅是筷子和刀叉的区别，更多的是不同的饮食文化的体验。

（一）穿着要得体

正式的西餐宴请，男士要穿礼服或西服套装、打领带；女士要穿礼服（包括中式旗袍）或裙装配高跟皮鞋或其他礼服鞋。再昂贵的休闲服，也不能穿着进出西餐厅。

（二）入座

进入西餐厅后，需由侍应带领入座，不可贸然入位。最得体的入座方式是从椅子的左侧入座。当椅子被拉开后，身体在几乎要碰到桌子的距离站直，引领者会把椅子推进来，腿弯碰到后面的椅子时，就可以坐下。

（三）举止

1. 仪态　用餐时，坐姿端正，双肘下沉，双腿不可前伸，最好避免两脚交叉的坐姿。背部不要靠到椅背上，腹部和桌子应保持约一个拳头的距离，不要将胳膊肘支在餐桌上，使用刀叉时，两臂与身体加紧，只允许小臂在桌面以上。

2．就餐　就餐时要保持安静，不可高声谈话，用刀切割食物时不要弄出声响，喝汤、嚼食物不应该发出太大的声音；面包要掰成小块，抹上黄油，用手送入口中，不能拿着整块面包用牙咬着吃。

3．餐巾　用餐结束时不要折叠餐巾，否则，不了解情况的服务生可能会再给别的客人使用。用餐结束时要将餐巾从中间拿起，轻轻地放在餐桌上盘子的左侧。

课堂互动

西餐入座有何讲究？

六、西餐的饮食禁忌

不少人在吃西餐时，都会担心"失礼"。其实，所谓餐桌礼仪是为了让餐膳可以不受阻碍和破坏，而得以顺利流畅进行的实用守则。谨记"整齐、清洁和保持安静"三项原则便可无往而不利。

1．嘴里有食物时，不要开口说话，防止食物渣飞溅。

2．说话时，不可手执刀叉在空中挥舞；不要一手拿刀或叉，而另一只手拿餐巾擦嘴；也不可一只手拿酒杯，另一只手拿叉取菜。

3．不能将叉、匙的整体放入嘴里，一般嘴唇不碰叉齿，只将叉齿的1/3放入嘴中。

4．将面包掰成小块，临吃前在小块上抹黄油，不要图方便将整个面包都抹上黄油。

5．对于不喜欢或者不能吃的食物，在服务人员或者主人分夹给你的时候，一般不要拒绝，而应取少量放入盘中，表示"谢谢，够了"。

6．不想喝酒或者添酒时，只需轻微做个手势即可，切不可将手蒙在酒杯上或者干脆将酒杯倒扣。

7．如果塞了牙，切忌在餐桌上剔牙。如果有食物塞了牙非取出不可，应用餐巾将嘴遮住。

8．不要将口红留在餐具上；凡是用餐无关的东西都不能放在餐桌上；用餐期间吸烟也不可取，会影响他人的食欲。

9．尽量不在进餐时中途退席。如有事确需离开应向左右的客人小声打招呼，如果是暂时性离开，须把餐巾放在椅子上。

温馨提示： 用餐时，避免在众人面前补妆，补妆要到化妆室。

知识拓展　　　　　　　　　葡萄酒饮酒礼仪

1．准备工作

（1）醒酒：用餐前15分钟～1小时先开瓶，摆在一旁慢慢醒酒（或倒入醒酒器内），让他与空气"呼吸"进行化学反应。同时让温度回升。喝红酒不可以加冰，最适宜的饮用温度在10～14℃（红酒是平放着储放，防止木塞干裂。在饮用前一天要直立，使木屑等沉入瓶底）。

（2）倒酒：一般用醒酒器倒酒（图13-18）。若用酒瓶直接倒酒时，要让酒标的正面朝上，倒酒时不可晃动酒瓶，依国际标准，不要超过杯子容量的1/3。即约在杯身直径最大处，留有足够的杯内空间，可保持从酒中逸出的香气。最后要留一点酒在瓶的肩部，把酒瓶整个倒过来试图倒尽最后一滴酒，是不正确的。

图13-18　醒酒器

香槟酒（起泡酒）应分次倒，第一次倒入酒杯后，气泡会迅速冒起，小心不要溢出杯口，待气泡消退后再倒第二次，最多八分满即可。

（3）斟酒先后顺序：一般顺序是主宾、主人、陪客、其他人员。家宴中，先长辈，后晚辈，先客人，后主人。国际上，较流行的服务顺序是先女宾后主人，先女士后男士，先长辈后晚辈。

2. 喝葡萄酒的礼仪

酒杯：郁金香型高脚杯。

葡萄酒四部曲：一看、二摇、三闻、四品。

（1）看：杯子微微向前倾斜，看是否有木屑与杂质，同时观察酒的颜色。优质的红酒充满光泽且通透。紫红色，酒的年份还小；暗红，外围带褐黄色，好酒。如果色泽偏暗（如咖啡色）或混浊，这支红酒的品质就不会太高，或者已经过了保质期。

（2）摇：右手握杯柄，逆时针方向优雅地摇动，让酒与空气"呼吸"进行氧化，增加香味。摇杯的作用：①让酒充分氧化，香味才能出来；②观察是否挂杯，挂杯者含糖较多，质量不佳，不挂杯者含糖少，质量佳。

（3）闻：将杯口罩住鼻孔深呼吸。高级红酒闻起来味道很浑厚、很浓郁，由于鼻子的灵敏度远远超过舌头，因此有时候一杯酒慢慢品上1小时，还是感觉香味越来越浓。

（4）品酒：好的红酒是艺术品，不是"喝"，而是"品"。每次品之前，先晃动酒杯，用鼻子深吸一下，然后浅尝一口，让酒液在口腔保留一段时间，之后咽下去。喝红酒不能干杯，另外不能加柠檬和雪碧，这会破坏红酒原来的味道。

3. 握杯、举杯和碰杯

（1）握杯：用手指握住杯柄部分，避免握杯体（香槟和葡萄酒都是非常敏感的饮料，手上的温度会改变它的味道）（图13-19）。

（2）举杯：将酒杯举至略高于眼的地方，使酒和空气混合，浅尝一口，含在嘴里，像漱口一样，使酒、空气与口腔黏膜充分结合。

（3）碰杯：碰杯有三种方式。

1）直碰：两只杯子平行相碰，适合于正式场合。

2）斜碰：两只杯子各呈45°相碰，适合于关系较熟、较亲密的两人。

3）遥碰：当两人相距较远时，敬酒时将杯子高举齐眼，并注视对方，然后至少要喝一口酒以示敬意。

温馨提示：在饮酒之前，女士宜用纸巾擦去口红，以防口红沾到杯子上。或者使用不脱色口红。

图13-19 持杯姿势

课堂互动

斟酒时要注意什么？饮葡萄酒如何拿酒杯？

第3节 自助餐礼仪

案例13-3

小田和小王是两名刚刚参加工作的大学生，在一次培训活动中参加了培训方组织的自助餐。她俩一进去就感到眼花缭乱，马上就发现了冰淇淋，女孩子就爱吃这个，两人一人吃了一个，冰淇淋吃完又发现了各种蛋糕，两人毫不客气地吃了三个不同种类的蛋糕，这时候两人已经非常饱了。等碰到后面基围虾、三文鱼之类更多更好吃的食物，两人已经吃不下了。

想一想：小田和小王吃自助餐时犯了什么小错误？

自助餐是目前国际上通行的一种非正式的西式宴会，在大型的商务活动中尤为多见。

自助餐之所以称为自助餐，主要是因其可以在用餐时调动用餐者的主观能动性，自己动手，自己在既定的范围之内选用菜肴。它的具体做法是，不预备正餐，由就餐者在用餐时自行选择食物、饮料，然后或立或坐，自由地与他人一起或是独自一人用餐。

一、自助餐的礼仪

自助餐礼仪，泛指人们安排或享用自助餐时所需要遵守的基本礼仪规范。具体来讲，自助餐礼仪分为主办方的礼仪与就餐者的礼仪两个部分。下面对其分别予以介绍。

（一）主办方的礼仪

主办方的礼仪指的是自助餐的主办者筹办自助餐的规范性做法。一般而言，它包括就餐时间、就餐地点、食物准备、客人招待等四个方面。

1. 就餐时间　在商务交往中，自助餐大都被安排在各种正式的商务和政务活动之后，故而其举行的具体时间受到正式的商务政务活动的限制，一般 2 小时左右，通常只规定开始的时间，不限定结束的时间。

2. 就餐地点　自助餐的就餐地点，既能容纳下全部就餐人员，又能为客人提供足够的交际空间，因此，选择自助餐的就餐地点时，应注意以下三点。

（1）为用餐者提供一定的活动空间，一般人均占地一平方米左右。

（2）要提供数量足够的餐桌与座椅。

（3）使就餐者感到环境宜人。

3. 食物准备　自助餐所提供的食物数量应当略有富余，又不至于太多而浪费；自助餐的品种应丰富多彩，满足不同就餐者的需要。在准备食物时，务必要注意保证供应，同时，还须注意食物的卫生及热菜、热饮的保温问题。为方便就餐者进行选择，同一类型的食物应被集中在一处摆放（图 13-20）。

图 13-20　自助餐

4. 客人招待　招待好客人，是自助餐主办者的责任和义务。要做好这一点，必须特别注意下列环节。

（1）照顾好主宾：任何情况下，主宾都是主人照顾的重要对象。主人要陪同主宾就餐，与其进行适当的交谈，为其引见其他客人等，但要注意给主宾留下一点自由活动的时间，不要始终伴随其左右。

（2）充当引见者：主人一定要尽可能地为彼此互不相识的客人多创造一些相识的机会，并且积极为其牵线搭桥，充当引见者。

（3）安排服务者：小型的自助餐，主人往往可以一身二任，同时充当服务者。但在大规模的自助餐上，要安排专门的服务人员，一般自助餐上的服务生须由健康而敏捷的男性担任，他的主要职责是主动向来宾提供一些辅助性的服务，如供应食物、饮料等，不使来宾因频频取食而妨碍同他人进行交谈。

（二）就餐者的礼仪

就餐者的礼仪即享用自助餐的礼仪，主要是指以就餐者身份参加自助餐时，所需要具体遵循的礼仪规范。

1. 形象自然　吃自助餐时，没必要穿晚礼服、西服套装，只要形象自然就行。

2. 排队取菜　享用自助餐时，大家必须自觉地维护公共秩序，讲究先来后到，排队选用食物，不允许插队。在取菜之前，先准备好一只食盘，轮到自己取菜时，应以公用的餐具将食物装入自己的食盘之内，切勿直接下手或以自己的餐具取菜。取菜时不要挑挑拣拣或者在众多的食物面前犹豫不决，从而影响身后人取菜。

3. 循序取菜　自助餐上，如果想要吃饱吃好，首先要了解合理的取菜顺序，然后循序取菜。一般取菜的先后顺序依次是：冷菜、汤、热菜、点心、甜品和水果。因此在取菜时，最好先在全场转上一圈，了解一下情况，然后再取菜。甜品、水果应作为"压轴戏"最后取用。

4. 多次少取　自助餐选取菜肴时，要根据本人的食量采取"多次少取"的原则。要是为了省事而一次取用过量，导致食物的浪费，则是失礼之举。

5. 避免外带　所有的自助餐，用餐时不论吃多少都可以，但绝对不允许用餐后将餐品携带回家。

6. 送回餐具　在一般情况下，自助餐大都要求就餐者在用餐完毕之后，自行将餐具整理到一起，然后将其送回指定的位置。在庭院、花园里享用自助餐时，尤其应当这么做。在餐厅里用自助餐时，有时可以将餐具留在餐桌之上，由侍者负责收拾。不过也应在离去前对其稍加整理，不要弄得餐桌上杯盘狼藉，不堪入目。

7. 礼貌待人　参加自助餐时，应当以礼相待其他用餐者，不要目中无人，蛮横无理。若自己的同伴不熟悉自助餐，不妨向其简要地介绍，不过不可以自作主张地为对方代取食物，更不允许将自己不喜欢或吃不了的食物"处理"给对方。

8. 积极交际　一般来说，参加自助餐时，吃东西往往属于次要之事，而与他人进行适当的交际活动才是更重要的任务。

课堂互动

1. 主办方组织自助餐时需要注意哪些方面？
2. 吃自助餐时要遵循的礼仪是什么？

二、自助餐的优势

（一）免排座次

正规的自助餐，往往不固定用餐者的座次，甚至不为其提供座椅。这样一来，既可免除主办方座次排列之劳，又便于用餐者自由交际。

（二）节省费用

自助餐多以冷食为主，不提供正餐，不上高档的菜肴、酒水，可大大地节约主办方的开支，避免了浪费。

（三）时间自由

参加自助餐宴会时，没必要像参加正餐宴会那样准点到场，或者与大家一起退场。用餐者只要觉得吃好了，在与主人或身边的人打过招呼之后，随时都可以离去。

（四）各取所需

用餐者根据自己喜好、食量自行取用菜肴，能较好地处理众口难调的问题。

（五）招待多人

自助餐可以款待数量较多的来宾。

作为宴会的一种特殊形式，自助餐在我们身边其实是无所不在的，只不过它以不同的面貌出现，如酒会、茶会、咖啡会、冷餐会等。参加自助餐的时候，如果你自觉遵守礼仪，适当地进行交际，相信不仅会吃得好，而且会让你多交朋友，广结善缘。

小 结

本章主要介绍中餐礼仪、西餐礼仪和自助餐礼仪。在中餐礼仪中介绍了宴请的类型、宴请的礼仪、中餐的桌次和座次安排、中餐点菜、中餐餐具使用和喝酒与敬酒礼仪;西餐礼仪介绍了西餐预约、西餐桌次和座次排列、西餐菜单结构、西餐餐具、西餐礼仪规范及西餐饮食禁忌六方面;自助餐礼仪主要介绍了自助餐礼仪和自助餐优势两大方面。

思 考 题

1. 宴请主要有哪些类型?
2. 中餐就餐时应遵循哪些礼仪?
3. 中餐的位次安排有哪些要求?
4. 中餐点菜"三优四忌"的原则是什么?
5. 中餐餐具主要有什么?使用过程中分别要注意哪些事项?
6. 请讲讲西餐的座次排列有哪几种方式?
7. 西餐正餐有几种菜肴组成?一般按什么顺序上菜?
8. 餐巾的摆放含义是什么?
9. 西餐结束用餐时,刀叉该如何摆放?中途暂停用餐又该如何摆放?请用图示法表示出来。
10. 西餐中葡萄酒的品酒含哪几个步骤?
11. 如果你单位组织一次培训活动,要求以自助餐待客,作为主办方,你应该怎样做才能完美完成接待任务?
12. 自助餐取菜遵循什么原则?

第14章 涉外礼仪

中国作为四大文明古国之一,自古以来就被称为礼仪之邦。随着经济全球化的进程不断加快和中国国际地位的日益提升,使我们接触到外国友人的机会逐渐增多。见到外国友人如何打招呼?如何握手?握手后聊些什么?怎样维护我们礼仪之邦的形象?种种的问题都浮现出来,因此学好涉外礼仪十分必要。

涉外礼仪,是涉外交际礼仪的简称,是中国人在对外交往中,用以维护自身形象、对交往对象表示尊敬与友好的习惯做法。古人云:"入境而问禁,入国而问俗,入门而问讳。"世界上不同的国家,有着不同礼节、习俗与禁忌。因此,在外事活动中应了解各国的风土人情,入国问俗,谨慎从事,尤其要注意各国的主要禁忌,以免造成误会和尴尬的局面。

第1节 国外习俗与禁忌

案例14-1

晓玲去日本旅游顺道去看望在日本学习的表姐,表姐和她的日本同学热情招待了晓玲,带她去许多景点游玩品尝特色美食,晓玲觉得非常开心。与表姐分别时晓玲将绣有荷花图案的丝巾作为礼物送给她们,那位日本同学婉言谢绝了她,在表姐的解释下,晓玲才知道自己忽略了对方的禁忌。

想一想: 晓玲究竟忽略了日本朋友的哪一条禁忌?

禁忌是指禁止的事物和犯忌讳的言行举止。习俗禁忌是指各个国家、各个民族礼仪、习惯、风俗禁止的事物和犯忌讳的言行举止。由于各个国家地理位置、气候、信仰等存在差异,因此各国的习俗禁忌也不同。在与外国友人的交往过程中,如果以我们国家的礼节对待别人,也许恰恰触犯了他们的习俗禁忌。想要做到彬彬有礼,不违反禁忌,就要先了解各个国家的习俗禁忌,进而在与外宾的交往中避开禁忌,施以礼节。

一、亚洲主要国家的习俗禁忌

(一)日本

日本的全称为日本国,位于亚洲东部、太平洋西北。领土由本州、四国、北海道、九州四大岛及6800多个小岛组成。

1. 生活习俗

(1)日本人见面多行鞠躬礼,在社交场合也行握手礼。

(2)日本人的饮食以米饭为主食,因为特殊地理环境日本四面环海,所以日本人的辅食多为海产品,尤其是生鲜鱼肉。调味方面多为清淡、油腻少、味鲜、略带甜味。在日本人们有拿起碗来喝汤的习惯,所以有些餐馆在餐具配备上没有附上汤匙。

(3)日本茶道源于中国,在其漫长发展进程中,进一步创新。他们认为茶礼是修养和身份的最好体现。

(4)日本人特别喜爱樱花,它是日本的国花,日本也被称为"樱花之国"。

(5)在日本,礼品被称为"精神交流的润滑剂"。日本人最重视送礼。他们认为,送礼是表达尊敬、友谊和感谢的一种手段,必须郑重其事,很讲究送礼仪式。送礼已成为日本文化的重要部分。

2. 禁忌

（1）荷花在日本人眼中是不吉祥的花，是祭奠用的花；而菊花则被看作一种尊贵的花，特别值得注意的是16瓣的菊花是皇室专用花饰，虽然深受普通民众的喜爱，却不能作为礼物随意送人。

（2）日本人大多信奉神道和佛教，最忌讳绿色，认为绿色是不祥之色。日本人不喜紫色，认为紫色是悲伤的色调。在日本不能送红色圣诞卡，因为丧事讣告通常是用红色印刷的。

（3）因为日语发音中4和死相似，9和苦相近，所以日本人忌讳数字4和9；13也是忌讳的数字，因为古时日本的断头台设在第13级；除了数字8以外，日本人忌讳偶数；还忌讳3人一起"合影"，他们认为中间被左右两人夹着，是不幸的预兆。

（4）日本人接洽客人的地点不是在办公室，而是在会议室、接待室，他们不会轻易领人进入办公机要部门。在日本不流行宴会，商界人士没有携带夫人出席宴会的习惯，也没有互相敬烟的习惯。

（二）韩国

韩国是我国的近邻，位于东亚朝鲜半岛南部，与我国山东半岛隔海相望，总面积约10万平方公里，主体民族为朝鲜族，通用韩语。

1. 生活习俗

（1）韩国人非常重视对交往对象的第一印象，如果在商业谈判时能遵守他们的习俗，他们会对你好感倍增。同长辈握手时应躬身，除用右手相握外，还要把左手轻轻置于其右手之上以表示尊敬。一般情况下，女性不与男性握手，以点头或鞠躬作为常见问候礼仪。韩国人在称呼他人时用尊称和敬语，很少会直接叫出对方的名字，相互可称对方为"先生""夫人""太太""女士"等。

（2）韩国饮食介于中国菜和日本菜之间，喜欢吃牛肉、猪肉、鸡肉和海味，喜欢烧烤，不喜欢吃鸭肉和肥肉。韩国传统菜肴是泡菜，主食一般是米饭、冷面和打糕，副食主要以汤为主，有各式各样的汤品。由于韩国人的餐桌是矮腿小桌，放在地炕上，用餐时，宾主都应席地盘腿而坐。若是在长辈面前应跪坐在自己的脚底板上，无论是谁，绝对不能把双腿伸直或叉开，否则会被认为是不懂礼貌或侮辱人。

2. 禁忌

（1）在社会集体活动和宴会中，男女分开进行社交活动。在正式场合落座时不要叉腿，站立交谈时不能背手。韩国人用双手接礼物，但不会当着客人的面打开。

（2）与韩国人进餐时，要保持安静。咀嚼食物的时候不能随便出声，更不能在吃饭时大吵大闹。而韩国人宴请时喜欢相互斟酒，拒绝别人斟酒是不礼貌的，饭后韩国人有喜欢唱歌的习惯。

（3）对于数字，韩国人喜欢单数，不喜欢双数；忌讳"4"，与韩语死同音，在社会生活方面尽量避免"4"。因此房屋没有4号楼，旅馆不标记第4层，军队里不用4作为编号，同时受西方文化的影响，很多年轻人认为13这个数字是不吉利的。

（三）泰国

泰国位于中南半岛中部，因为佛教对泰国的政治、文化艺术和生活都有非常重要的影响，所以泰国又被称为"千佛之国"。

1. 生活习惯

（1）泰国最常见的见面礼是合十礼和拥抱礼。行礼时要两手空空，双手手指互相合拢，双手举得越高表示越尊重对方。

（2）泰国人喜欢吃咖喱饭，喜欢鱼露、辣椒。同时泰国人喜欢喝冷饮，喝橙汁或橘子汁时喜欢添加盐末。吃水果时不仅放冰，也放盐末和辣椒末。

（3）泰国是一个十分注重礼仪规范的国度，在公开的场合下，人人都显得温文尔雅，遵守社会规范。禁止议论或打听国王及王室的秘密。

2. 禁忌

（1）泰国人在进寺庙参观或烧香拜佛时，严禁袒胸露背，必须穿着得体，不能随便抚摸佛像，更不能给佛像拍照。女士进入皇宫时不可穿短裙和无袖装，男士必须穿有领子的上装，不得穿拖鞋。

（2）泰国人认为左手是不洁净的。泰国人吃饭用右手，给别人递东西时也用右手，以示尊敬。如不得已要用左手时，先应说声"左手，请原谅"。

（3）泰国人睡觉时，头不能朝西，因为西方是日落之地，在泰国象征死亡。泰国人忌讳用红笔签字和用红颜色刻字，认为用红色是对死人的待遇。

（四）新加坡

新加坡是东南亚的一个岛国，是由新加坡岛及其附近的小岛屿组成，它的土地面积虽然较小，但是城市风景秀丽，有"花园城市"美誉。新加坡人口中有很大一部分是华裔新加坡人，其他有马来血统和印度血统的人等。

1. 生活习惯

（1）新加坡人非常讲究礼貌礼节，但由于民族、文化不同，表达礼仪的方式也不尽相同。华裔新加坡人在礼貌礼仪方面与我国非常接近，见面多行鞠躬礼。马来血统的人彼此相遇时，先用双手互相接触，然后指向各自的胸前。印度血统的人仍保持印度的礼节和习俗，妇女额上点着吉祥点，男人扎白色腰带，见面时则行合十礼。

（2）新加坡城市环境优美，新加坡人注重环保，讲究文明卫生，在新加坡随地吐一口痰、扔弃废物者，均要受到法律的制裁。

2. 禁忌

（1）新加坡人忌讳说"恭喜发财"。他们认为"发财"则是指"发不义之财"。

（2）新加坡人认为黑色、紫色不吉利，喜欢红色、绿色、蓝色。

二、美洲主要国家的习俗禁忌

（一）美国

美利坚合众国，简称美国，是一个联邦共和立宪制国家，由华盛顿哥伦比亚特区、50个州和关岛等众多海外领土组成。美国主体部分位于北美洲中部，国土总面积900多万平方公里，美国是一个移民国家，现通用英语。

1. 生活习俗

（1）美国人初次见面时，有时只是笑笑，正式场合也仅仅是握手。拥抱和亲吻是好朋友之间的身体语言。亲吻的方式是：同性之间，用脸接触对方的脸，然后空中亲吻；亲密的异性之间，可以亲吻对方的脸颊；父母亲吻孩子的额头和小脸蛋。

（2）与朋友或同事相处，美国人奉行五不问原则，即不主动打听年龄、婚否（包括有无恋爱对象)、收入、家庭住址、宗教信仰,因为这五种事情是一个人最起码的隐私。当然,这并不说明美国人完全不知道朋友或同事这五方面的事情,只是不刻意去打听别人的隐私罢了。

(3)美国人认为白色是纯洁的象征;偏爱黄色,认为是和谐的象征;喜欢蓝色和红色,认为是吉祥如意的象征。他们喜欢白猫,认为白猫可以给人带来好运气。

(4)美国民族很讲信誉(当然不是所有的美国人),因为美国的经济和社会地位是建立在个人的信誉基础上的。如果你与他开玩笑说他"骗人,不老实",他会马上翻脸,没有情面可言。

2. 禁忌

(1)美国人对握手时目视其他地方很反感,认为这是傲慢和不礼貌的行为。忌讳别人冲他伸舌头,认为这是污辱人的举止。

(2)忌讳向女士赠送香水、衣物和化妆用品(恋人除外)。

(二)加拿大

加拿大,英联邦国家之一,位于北美洲最北端。加拿大人大多数信奉天主教和基督教,少数人信奉犹太教和东正教等。

1. 生活习俗

(1)加拿大人既含蓄,又明朗,还有无拘无束的特点。他们热情好客、待人诚恳。他们喜欢现代艺术、酷爱体育运动,尤其是冬季冰雪运动。他们视白雪为吉祥的象征,常用筑雪墙、堆雪人等方式来助兴。

(2)加拿大人饮食上以面食为主,口味上喜欢酸甜、清淡、不辣的食品。喜欢吃烤制的食物,也喜欢吃鱼、鸡蛋、牛肉和蔬菜。喜欢威士忌、香槟、红葡萄酒和樱桃白兰地。

(3)加拿大是世界上驰名的"枫叶之国"。枫叶点缀了加拿大的国土,加拿大人民对枫叶有着极其深厚的感情。他们视枫叶为国宝和祖国的骄傲;还把枫叶喻为友谊的象征。

2. 禁忌

(1)加拿大人晚餐是正餐,忌吃虾酱、鱼露、腐乳和臭豆腐等有怪味、腥味的食物;忌食动物内脏和脚爪;也不爱吃辣味菜肴。

(2)加拿大不喜欢外来人把他们的国家与美国进行比较。尤其是拿美国的优越方面与他们相比,更是令人不能接受。

(3)加拿大人日常生活中忌讳白色的百合,认为白色的百合表示死亡,只在开追悼会时才使用。忌讳数字13和星期五。

三、大洋洲主要国家的习俗禁忌

(一)澳大利亚

澳大利亚,全称为澳大利亚联邦,是世界上唯一国土覆盖整个大陆的国家,澳大利亚是典型的移民国家,通用语言为英语。

1. 生活习俗

(1)金合欢花与桉树,分别是澳大利亚的国花和国树,被视为澳大利亚的象征。澳大利亚人最喜爱的动物是袋鼠(图14-1)与琴鸟,前者被澳大利亚人视为这块大陆最早的主人,后者是澳大利亚的国鸟。

图14-1 袋鼠

(2)爱好娱乐的澳大利亚人往往有邀请友人一同外出

游玩的习惯,他们认为这是密切双边关系的捷径之一。对此类邀请予以拒绝,会被他们理解成不给面子。

(3)澳大利亚人崇尚人道主义的博爱精神。在社会生活中,他们乐于保护弱者。除了保护老人、妇女、孩子、弱小种族之外,他们还讲究保护私生子的合法地位,甚至将保护动物看作自己的天职。

2. 禁忌

(1)澳大利亚人认为兔子是不吉利的动物,碰到了兔子,可能是厄运将临的预兆。

(2)澳大利亚人不喜欢将本国与英国处处联系在一起。虽然不少人私下里会对自己与英国存在某种关系而津津乐道,但在正式场合,他们却反感于将两国混为一谈。

(3)澳大利亚人不喜欢数字13,不喜欢星期五。

(二)新西兰

新西兰位于太平洋西南部,是个岛屿国家。新西兰气候宜人、环境清新、森林资源丰富、风景优美、地表景观丰富,生活水平也相当高。

1. 生活习俗

(1)新西兰人性格比较严谨,见面和告别均行握手礼,但他们热情好客,把组织聚会作为生活中必不可少的一部分。

(2)新西兰人习惯吃英式西餐,口味清淡,爱吃牛肉、羊肉和水果。他们注重菜肴多样,讲究量少质精,当地的毛利人特别喜欢传统美食"烧石烤肉"。

2. 禁忌

(1)在新西兰,男女同场活动时,要求举止得体,忌讳谈论各种种族问题。

(2)新西兰的土著毛利人极为反感别人给他们照相,或把他们当成另类的表现。

(3)新西兰人把13和星期五,视为凶神,无论做什么事情,都要设法回避13和星期五。

四、欧洲主要国家的习俗禁忌

(一)英国

英国的全称是大不列颠及北爱尔兰联合王国,位于欧洲西部、大西洋的不列颠群岛上。

1. 生活习俗

(1)英国人性格保守,崇尚复古,矜持庄重,喜欢被人称呼他们的荣誉头衔。与英国人交谈也要委婉、客气、以礼相待,否则可能会遭到冷遇。

(2)英国人在饮食上非常注重品质,追求口味清淡、鲜嫩、焦香的食物。喜欢吃牛肉、羊肉、禽类、甜点和水果,不喜欢吃带辣味的菜。英国人喜欢喝茶,有喝下午茶的习惯。

(3)英国人有排队的习惯,认为加塞是一种令人不齿的行为。英国人非常不喜欢谈论男人的工资和女人的年龄,甚至他家里的家具值多少钱,也是不该问的。

(4)在英国购物,最忌讳的是砍价。英国人不喜欢讨价还价,认为这是很丢面子的事情。英国人很少讨价还价,如果他们认为一件商品的价钱合适就买下,不合适就走开。

(5)玫瑰是英国的国花。

2. 禁忌

(1)英国人对自己的时间习惯于有条有理地安排,认为随便打乱和改变计划,轻易辞掉约会,是对他人的不尊敬和失礼。

(2)英国人忌讳菊花和百合花,其被视为死亡的象征。忌讳大象、孔雀和猫头鹰等图案。对于动物即使英国人对动物十分宠爱但对于黑猫却是十分厌恶。

（3）英国人伸出食指和中指，比划出"V"手势，来表示成功和胜利的祝福，这是丘吉尔首相的著名手势，但做这个手势，一定要手心对着对方，如果手背对着对方，则是侮辱对方的意思。

（二）法国

法兰西共和国简称法兰西或法国，是一个本土位于西欧的总统共和制国家，是世界经济强国之一。

1. 生活习俗

（1）法国人性格开朗，衣着时髦，见面打招呼最常见的方式是握手。

（2）法国是白兰地、香槟的原产国，他们饮酒十分讲究，花色品种繁多。作为举世皆知的世界三大烹饪王国之一，法餐注重色、形、味和营养，吃不同的菜要搭配不同的酒。

（3）法国人十分讲究饮食。在西餐之中，法国菜可以说是最讲究的。法国人爱吃面食，面包的种类很多；他们大都爱吃奶酪；在肉食方面，他们爱吃牛肉、猪肉、鸡肉、鱼子酱、鹅肝，不吃肥肉、宠物、无鳞鱼及除肝脏之外的动物内脏。

2. 禁忌

（1）法国妇女虽然很爱美，爱打扮，爱鲜花，但不要随便把鲜艳的玫瑰花束送给只是工作伙伴的年轻女子，除非你有意向对方示爱。也不要随便送女性香水或化妆品，因为它有过分亲热和图谋不轨的嫌疑。

（2）与法国人交谈时，不得提出年龄、职业、婚姻状况、宗教信仰、政治面目等之类的话题。法国人忌讳别人打听他们的政治倾向、工资待遇及个人的私事。对老年妇女称呼"老太太"视为一种污辱的行为。

（3）馈赠礼物时，不宜赠送菊花、牡丹、玫瑰、杜鹃、水仙、金盏花和纸花。避免送过于私人化的礼品，如衣服、鞋子、香水、化妆品等。

（4）法国人视孔雀为祸鸟，仙鹤是蠢汉和淫妇的象征。法国人不喜欢墨绿色，因为纳粹的军服是墨绿色。

（三）俄罗斯

俄罗斯位于欧亚大陆北部，地跨欧亚两大洲，是世界上面积最大的国家。

1. 生活习俗

（1）俄罗斯人性情开朗，说话幽默，民族自尊心较强，接人待客讲究礼节。初次见面行握手礼，久别重逢的熟人，行拥抱礼。

（2）到俄罗斯人家中作客或办事，进屋要敲门，得到允许才能入内，进屋要脱帽，坐在主人让给的位子上，不能坐床，坐床认为是很不礼貌的行为。来客不得随便吸烟，吸烟须经主人同意。

（3）饮食上，俄罗斯人以面包、土豆、猪肉、蔬菜和牛奶为主要食物，咸而油腻。俄罗斯人喜欢烈性酒，最喜欢喝高度烈酒伏特加。

（4）向日葵是俄罗斯的国花。

2. 禁忌

（1）俄罗斯人对左右比较讲究，他们认为左方站着凶神，右方站着保护神。所以遇到熟悉人时，不能用左手问好。

（2）俄罗斯人还认为，打碎镜子意味灵魂毁灭，会有不幸；而打碎碗、盘、碟或杯子，则意味着幸福、富贵，俄罗斯人忌讳将盐撒在地上或打翻盐罐，认为这是家庭不和的征兆，为摆脱不幸，他们习惯将撒在地上的盐拾起来撒在自己的头上。

（3）俄罗斯人认为黄色是不吉利的颜色，送礼时一般忌讳送黄色的东西，衣服也忌讳纯黄色的。一般忌讳在五月成婚。认为这个月里的婚姻是充满了苦难失败的婚姻。

（四）德国

德意志联邦共和国，简称德国，是位于中欧的联邦议会共和制国家，是欧洲联盟中人口最多的国家，以德意志人为主体。

1．生活习惯

（1）握手是德国人见面和告别时通常的礼节。拥抱也是德国人平时交往的一种礼节和方式。拥抱时，关系亲近的女性之间亲脸，男子之间是抱肩拥抱，男女之间互贴面颊，晚辈对长辈一般是亲额头。在社交场合，男士对尊贵的女宾应亲一下手背，以示尊敬。

（2）德国人爱吃油腻食品，且口味偏重，香肠、火腿、土豆是他们最爱吃的食物。德国人爱喝啤酒，慕尼黑是世界闻名的"啤酒之城"。

（3）德国人注重仪表，勤勉，崇尚节俭，纪律严明、法制观念极强、讲究信誉，时间观念很强，连约会时都可以做到分秒不差。

（4）德国人最喜欢的鲜花是矢车菊，忌讳送玫瑰花，应邀到德国人家中做客时，通常以鲜花为礼物，送花时一定要拆去包装。

2．禁忌

（1）因为战争的原因，德国人对类似纳粹的标记和符号表现的极为反感。到德国人家中做客，不送葡萄酒。送葡萄酒，会被主人认为客人对他选酒的品位有怀疑。

（2）不要给德国女士送玫瑰、香水和内衣。因为玫瑰表示"爱"，香水与内衣表示"亲近"，即使女性之间，也不宜互赠这类物品。

（五）意大利

意大利位于欧洲南部，全称为意大利共和国，是主要由南欧的亚平宁半岛及两个位于地中海的岛屿西西里岛与萨丁岛组成。

1．生活习惯　意大利人性格豪爽，为人正直，见面时习惯行握手礼，熟人之间多以招手示意。意大利人喜欢吃米饭和面食，而且可将面食当菜肴。意大利人最喜欢的面食是通心粉、馄饨、葱卷。意大利通心粉有80多个品种，吃通心粉通常使用的餐具是叉和汤匙，一般是右手拿叉，左手拿匙。

2．禁忌　意大利人忌送菊花，认为菊花代表着悲伤。他们也忌把手帕、亚麻织品和丝织品送人，他们认为手帕是告别时擦眼泪用的，令人伤感。意大利人喜欢奇数，不喜欢偶数。意大利人忌讳数字13和星期五。他们更忌13个人同坐一桌，认为这是十分晦气的。

五、非洲主要国家的习俗禁忌

（一）埃及

埃及，全称阿拉伯埃及共和国，地跨亚、非两洲，大部分位于非洲东北部，是人类文明的发源地之一。

1．生活习俗

（1）埃及人乐观、热情好客。见面时，一般行握手礼，久别重逢的亲人或同性朋友行拥抱贴面礼。在埃及民间，人们对葱很是看重，认为它代表了真理。在埃及不给人小费，往往会举步维艰。埃及人在工作中对小费极为重视,并且将其作为日常收入的重要组成之一。

(2)饮食上,埃及人以面包为主食,喜欢羊肉、鸡肉、鸭肉、鸡蛋、豌豆、南瓜、茄子、胡萝卜、洋葱、土豆等。口味上,他们一般要求清淡、香、甜、不油腻。烤羊肉串和烤全羊是他们的最爱。在埃及,晚餐要日落以后和家人一起共享,所以在这段时间内,和埃及人约会是失礼的表现。

2. 禁忌

(1)埃及人忌蓝色和黄色,认为是不祥之色。埃及人认为蓝色是恶魔,因此常常把蓝天说成是绿色的。埃及人认为黄色是不幸的象征,遇丧事都穿黄衣服,认为黄色是叛逆、怀疑、不信任、色情、忧郁、缺乏理智的代表色。

(2)在埃及,到15:00~17:00之间,人们都忌讳用针,商人也决不卖针,人们也不买针,即使有人愿意出10倍的价钱买针,店主也会婉言谢绝他。

(3)埃及人禁穿星星图案的衣服,星星图案的包装纸也是不受欢迎的。

(4)在埃及,到人家中做客时,不要称赞埃及人家中的物品,否则会被认为你是在主动索要它。埃及人在正式用餐时,忌讳交谈,否则会被认为是对神灵的亵渎行为。

(5)埃及人一般都遵守伊斯兰教教规,忌喝酒。

(二)南非

南非共和国简称南非。南非位于非洲大陆的最南端,其东、南、西三面被印度洋和大西洋环抱,有"彩虹之国"之誉。

1. 生活习俗　受宗教、种族和习俗的制约,南非的白种人和黑种人所遵守的社交礼仪有很大不同,白种人的社交礼仪特别是英式社交礼仪在南非最为普遍。

(1)在社交场合,南非人的见面礼节通常是握手礼,称交往对象为"先生""小姐"或"夫人"。在黑种人部落中,尤其是在农村,他们习惯把孔雀毛或鸵鸟毛作为礼物赠给贵宾,而客人则应该把这些珍贵的羽毛插在自己的头发上或帽子上表示喜爱。

(2)饮食上,南非的白种人以西餐为主。而黑种人的主食是玉米、薯类、豆类,喜欢吃牛肉、羊肉,喜欢吃熟食。南非著名的饮料是如宝茶。到南非的黑种人家里做客,主人一般送上刚挤出的牛奶或羊奶,有时可能是自制的啤酒,客人一定要多喝,最好能一饮而尽。

2. 禁忌

(1)南非信仰基督教的人不喜欢数字13和星期五。

(2)南非的黑种人非常敬仰自己的祖先,他们忌讳外人评论自己的祖先。

(3)和南非黑种人交谈,有四个忌讳的话题:一是为白种人评功摆好;二是非议黑种人的古老习俗;三是向生了男孩的家庭表示祝贺;四是评论部族或派别之间的关联或矛盾。

第2节 涉外礼仪

案例14-2

小强大学毕业应聘到一家外企做文员工作,入职当天,人事处的领导把他介绍给同工作室的一位韩国女同事,小强出于礼貌,主动热情地伸出双手,眼睛注视着对方,满带笑容地和女同事握手。可第二天他发现同室的女同事对他躲躲闪闪,他不明白自己哪里做得不对。

想一想:小强他在握手时忽视了什么细节?

由于地区和历史的原因，各地区、各民族对于礼仪的认识有差异。在长期的国际往来中，逐步形成了外事礼仪规范，也叫涉外礼仪。涉外礼仪就是人们参与国际交往所要遵守的惯例，是约定俗成的做法。它强调交往中的规范性、对象性、技巧性。随着我国改革开放脚步的加快，人们在生活和工作中外事交往增多，了解涉外礼仪的内容和要求，掌握与外国人交往的技巧则显得尤为重要。

国际常用的礼仪有握手礼、拥抱礼、贴面礼、鞠躬礼等。某些国家非常注重礼仪，他们并不习惯与陌生人或初次交往的人行拥抱礼、接吻礼、贴面礼等，所以初次与他们见面，还是以握手礼为宜。

根据礼仪原则和涉外交往活动实践概括形成的涉外礼仪的基本原则是：维护国家利益原则；尊重原则；热情有度、尊重隐私原则；入境问禁、入乡随俗原则；爱护动物、保护环境原则。

在交际中，人们使用礼貌用语通常要做到"四有四避"，即有分寸、有礼节、有教养、有学识，要避隐私、避浅薄、避粗鄙、避忌讳。还要做到涉外谈话"五不问"，"五不问"的内容是：不问收入；不问年龄；不问婚否；不问健康；不问个人经历。

一、握 手 礼

握手礼是涉外礼仪中最常见的一种礼仪。

在许多国家，握手已经成为一种常用的表示亲热和友好的礼节。各国握手的习惯不大一样，但异性间握手不用双手（与长辈握手除外）。法国人做客走进房间或别离时都要与主人握手；而德国人只在进门时握一次手；有些非洲人在握手之后会将手指弄出轻轻的响声，以表示自由；在美国，男人之间的握手是很用力的，这可能源于印第安人的角力竞赛；中国人一边讲"您好"一边握手，对此没有什么忌讳；俄罗斯人则不允许两人隔着一道门或跨着门槛握手，认为这样做是不吉利的。在西方，参加竞选的政客会用右手握住对方的右手，再用左手搭在互相握住的手背上，试图让接受者感到他的热情真挚与诚实可靠，故被称为"政治家的握手"。

二、拥 抱 礼

拥抱是通过身体某一部分的接触来表示尊敬与亲热的方式。拥抱可以理解为缩短了距离的握手。人们在一搂一抱的同时，可以获得莫大的快感，感受到对方精神扶助的力量（图14-2）。

（一）拥抱礼的行礼场合

拥抱礼流行于一些欧美国家，多用于官方会见场合。在西方某些国家，拥抱与握手是同样重要的见面礼仪。新知故友见面，同性别之间、亲密的异性之间，都可以热烈地拥抱，或轻轻地抱一下。拥抱不仅是人们日常交往的重要礼仪，也是国家政府首脑外交场合中的见面礼节。

图14-2 拥抱礼仪

随着对外交往的深入，我们要与外国朋友打交道，应该学会行拥抱礼。

（二）拥抱礼的动作要领

1. 两人在相距约20厘米处相对而立。
2. 彼此都右臂偏上，左臂偏下，右手扶着对方的左后肩，左手扶着对方的右后腰。

3. 各自都按自己的方位，两人头部及上身都向左相互拥抱，礼节性的拥抱可到此完毕。如果是为了表达较为亲近的情感、更为密切的关系，在保持原手位不变的情况下，双方还应接着向右拥抱，再次向左拥抱，才算礼毕。

（三）各国的拥抱礼

美国人、俄罗斯人均是性情豪爽、感情外露的民族，喜欢热烈式拥抱。美国人不拘礼节，感情奔放，敢于感情表露，常在公众场合热烈拥抱，亲朋好友离别时，更是长时间地搂抱在一起，难分难舍，告别的场面异常感人。斯拉夫人感情十分热烈，拥抱的动作最大，拥抱前张开双臂一阵冲刺，一旦抱住对方，如熊掌紧箍，热烈而有力，被称为"熊式拥抱"。拉美人的拥抱如同握手一样普遍和随便。

西欧和非洲的有些国家有拥抱肩头或脸颊的习俗。在也门，当晚辈拜见长辈或告别长辈时，须用双手紧紧抱住长辈的双肩，并尽情地亲吻其肩头。在西班牙，男人见面时有拥抱肩头的习俗。喀麦隆、中非和埃塞俄比亚则有拥抱脸颊的习俗。在中非要抱住对方的脸往自己的右脸颊上贴一下，左脸颊上贴两下。在埃塞俄比亚，亲朋好友见面时，总是互相搂住对方的肩头，让双方的脸颊频频相碰，接触的次数越多说明双方的关系越密切。因此为了表达深情厚谊，他们拥抱起脸颊来常无止境，直到弄得双方都面红耳赤为止。

阿富汗人、布隆迪人的见面礼可谓是象征性拥抱。在阿富汗人们见面时，通常双方平伸出右手掌，摸摸对方的胸部，点头致意，说"安拉保佑你"！布隆迪人见面时，双方胸部刚一接触，即迅速撤退，然后让各自衣服的门襟轻轻擦拭，可谓是"蜻蜓点水式"拥抱。

中国人之间一般不实行这种礼节。在中国，拥抱礼一般用在亲密的朋友之间，或者同性朋友之间。男女之间仅限于恋人或夫妻之间，兄妹都少见此礼。与外国友人交往中，只有在对方主动行拥抱礼时，我们才随俗。在国际交往中实行这种礼节时，一般男对男，女对女。但有时相当熟悉的朋友，男女之间也可以拥抱、亲额或亲颊。总之，我们不采取主动。

课堂互动

1. 体验拥抱礼。
2. 把拥抱礼与恋人、亲人间的拥抱对比。

三、贴面礼

贴面礼，也叫亲吻礼，是源于古代的一种常见礼节。人们常用此礼来表达爱情、友情、尊敬或爱护。关于贴面礼来历流传最广的说法是，古罗马时严禁妇女喝酒，男子外出归来，常常要检查一下妻子是否饮酒，便凑到她的嘴边闻一闻，嗅一嗅。这样沿袭下来，夫妇把嘴凑到一起的举动逐渐成为夫妇见面时的第一道礼节。后来，这种礼节逐渐普及，范围逐渐扩大，终于演化成今天的贴面礼（图14-3）。

图14-3 贴面礼

（一）贴面礼的行礼场合

贴面礼一般在一天中第一次见面时，或分别、鼓励、安慰时进行。行贴面礼一般只在熟人之间，或者虽不熟悉但希望对其表示强烈友好感情时会进行。多为女人之间或者男女之间进行贴面礼。男女之间行贴面礼，女士掌握主动权。如果女方主动把脖子伸出、脸颊偏过，男方才可以进行贴面。在法国南部和比利时的法语区或者特别热情的场合，男人之间偶尔也会进行贴面礼。

（二）贴面礼的动作要领

1. 首先一手搭在对方一侧的上臂上。
2. 身体向右或左侧微微倾斜，同时与对方面贴面。
3. 紧接着在贴面的同时嘴巴做一下亲吻的动作即可。亲吻有声无声均可。嘴里发出的"啧啧"声音，声音越大表示越热情。如果真的用嘴亲到脸颊上，说明他们的关系真的铁到了一定地步（图14-4）。

图14-4　贴面礼步骤

贴面通常从右颊开始，左右各碰一下。有的地区是先从左颊开始，这时候就要小心看清别人的方向，否则就会酿成一场小小的"事故"。贴面礼的次数在不同地区有很大差距，最多达5下，最少1下就可以了。

（三）贴面礼的注意事项

1. 贴面礼仅脸部贴近，身体要与对方保持距离。保持距离与身体平衡，才能行一个正宗的贴面礼（如果一不小心歪到别人怀里会把对方吓到，搂腰也是绝对禁忌）。
2. 男性间要根据各国不同习惯行贴面礼。
3. 陌生人初次见面时不必行贴面礼，商业领域的会面可直接握手示好。如果是参加众多朋友的聚会，离场前，一般只需要与主人及几个关系很好的亲近朋友行贴面礼或拥抱一下，其他人只需在临走前跟大家统一挥挥手，打个招呼就可以了。
4. 如果你戴着眼镜，为了方便，最好摘下眼镜后再行贴面礼。
5. 行贴面礼的人普遍用香水，所以在聚会出门前要好好洗把脸、抹点香水。

四、鞠　躬　礼

鞠躬即弯身行礼，它既适合于庄严肃穆或喜庆欢乐的仪式，又适用于普通的社交和商务活动场合。与日本、韩国等东方国家的外国友人见面时，行鞠躬礼表达致意是常见的礼节仪式。

（一）鞠躬礼的行礼场合

鞠躬礼根据行礼场合的需求，而有细微区别。常见的情况如下：三鞠躬，也称最敬礼。在中国，参加追悼会，向遗体告别时进行三鞠躬，注意庄重、严肃。而在日本和韩国，三鞠躬则表示见面时对人的尊重，属于公共场合的礼仪。行礼之前应当先脱帽，摘下围巾，身体肃立，目视受礼者。男士的双手自然下垂，贴放于身体两侧裤线处；女士的双手下垂搭放在腹前。身体上部向前下弯约90°，然后恢复原样，如此三次。深鞠躬几乎适用于一切社交场合。例如，晚辈对长辈、学生对教师、下级对上级或同事之间及讲演者、表演者对听众、观众等都可以行一鞠躬。其基本动作同三鞠躬，区别就在于深鞠躬一般只要鞠躬一次即可，但要求弯腰幅度一定要达到90°，以示敬意。社交、商务鞠躬礼行礼时，立正站好，保持身体端正，面向受礼者，距离为两三步远，以腰部为轴，整个肩部向前倾15°、30°和45°，具体视行礼者对受礼者的尊敬程度而定，同时问候"您好""早上好""欢迎光临""非常抱歉"（45°）等（图4-31）。

（二）鞠躬礼的动作要领

脖子不可伸得太长，不可挺出下颌；耳和肩在同一高度；保持正确的站立姿势，两腿并拢，随着身体向下弯曲，双手逐渐向下，朝膝盖方向下垂。

鞠躬时要注意如果戴着帽子时，应将帽子摘下，因为戴帽子鞠躬既不礼貌，也容易滑落，使自己处于尴尬境地。鞠躬时目光应向下看，表示一种谦恭的态度，不要一面鞠躬，一面试图翻起眼睛看对方。

五、吻 手 礼

吻手礼即男士亲吻女士的手背或手指。吻手礼源于古代维京人用手向其日耳曼君主递礼物的风俗，流行于欧美上层社会，是一种仅对贵族已婚妇女实施的礼节（图14-5）。

（一）吻手礼的行礼场合

英法两国喜欢"吻手礼"，不过行这种礼仪的人也仅限于上层人士。吻手的风俗可以追溯到古代。荷马时代的人们就很熟悉它。吻手礼主要受礼者应是已婚妇人。男性中只有牧师有权接受吻手。历史上，君主们在宫廷舞会上也会接受每个前来谒见人的吻手礼。这种礼节的特点，决定了宜在室内进行。

图14-5 吻手礼

（二）吻手礼的动作要领

男士行至已婚女士面前，首先垂首立正致意，然后以右手或双手捧起女士的右手，俯首用自己微闭的嘴唇，去象征性地轻吻一下其指背。它具有单向性、限定性和对象性。

（三）吻手礼注意事项

（1）行亲吻手时，通常忌讳发出声音，而且不应将唾液弄到对方的手上。

（2）行吻手礼只限于室内。

（3）吻手礼的受礼者，只能是已婚女性。

（4）手腕及其以上部位，是行礼时的禁区。

六、合 十 礼

合十礼，又称"合掌礼"，此礼源自印度，后流行于泰国、缅甸、老挝、柬埔寨、尼泊尔等佛教昌盛的国家。"合十"并非佛教所创，它是古印度的一种礼法，佛教是沿用这种礼法并成为专用礼节，后来发展成为全民性的见面礼节。行礼时，双掌合于胸前，十指并拢，以示虔诚和尊敬。遇到不同身份的人，行此礼的姿势也有所不同（图14-6）。

（一）行礼场合

佛家弟子拜佛祖或高僧时要行跪合十礼。某些国家的人在拜见父母或师长时要行蹲合十礼。某些国家的平

图14-6 合十礼

民之间、平级官员之间相拜,或公务人员拜见长官时常用站合十礼。

(二)合十礼动作要领

轻轻合起双掌,手指并拢,手肘自然弯曲,置于胸前约呈45°。合双掌时,双眼下垂目光注视合掌的指尖,能够凝聚心神,排除妄念。尽量放松,让气息往下沉,以达到逐渐安定的作用。

一些心理学家注意到,当人们感到紧张、焦虑或心浮气躁时,双手合十可以让人马上平和、安定并且集中注意力。这个把双手合掌放在胸前的动作,看似简单,但是对平稳情绪却很有效。

七、碰鼻礼

在新西兰居住的毛利人,他们非常好客,对待客人诚挚而热烈,十分讲究礼节与礼貌。碰鼻礼是新西兰的最早主人毛利人还保存着的一种远古留传下来的独特见面问候方式(图14-7)。

如果有客人来访,新西兰的毛利人必定要为来宾组织专门的欢迎仪式,安排丰盛的宴席,男女老幼,倾巢出动,一边引吭高歌,一边兴致勃勃地拉着客人手舞足蹈。毛利人在迎接客人时会行其传统的最高敬礼——"碰鼻礼"。主人与客人必须鼻尖对鼻尖连碰两三次或更多次数、碰鼻的次数与时间往往标志着礼遇规格的高低;相碰次数越多,时间越长,即说明礼遇越高;反之,礼遇就低。

图14-7 碰鼻礼

小 结

本章主要介绍了各国习俗禁忌和涉外礼仪。在各国习俗中介绍了亚洲、美洲、欧洲、大洋洲、非洲主要国家的习俗与禁忌;涉外礼仪中详细介绍了握手礼、拥抱礼、贴面礼、鞠躬礼等主要涉外礼仪。学生们通过亲自体验,学会各种礼仪。

思 考 题

1. 谈谈各国的禁忌和数字忌讳。
2. 欧洲各国礼仪有哪些共同点?
3. 本章主要介绍了哪些涉外礼仪?
4. 简述贴面礼的行礼方法。

参 考 文 献

杜喜亮，2010．学生社交与礼仪．济南：山东人民出版社
方永德，1992．西方禁忌大观．上海：上海人民出版社
纪亚飞，2016．服务礼仪标准培训．北京：中国纺织出版社
金正昆，2013．礼仪金说：国际礼仪．北京：北京联合出版公司
金正昆，刘桦，2013．现代礼仪．第3版．北京：北京师范大学出版社
李荣建，邹翃燕，2010．大学生礼仪规范教程．北京：教育科学出版社
孙祺奇，2014．面试礼仪．北京：中国经济出版社
王光宏，2013．找工作你不知道的那些事．北京：中国经济出版社
魏红，2017．社交与职场礼仪．北京：科学出版社
武洪明，许湘岳，2011．职业沟通教程．北京：人民出版社
应届生求职网，2009．应届生求职简历全攻略．上海：上海交通大学出版社
赵喜婧，姚喜宁，2015．社交与礼仪．北京：高等教育出版社
钟海，孙敬华，2012．人际沟通．北京：科学出版社

教学基本要求

一、课程性质和课程任务

文明礼仪课程是职业院校的一门公共选修课程。学生通过学习相关礼仪知识、礼仪规范,达到规范言行,文明修身,提升综合素养的目的,提高学生在家庭、学校和社会活动中与人得体交往,提高沟通能力,为顺利就学、求职、工作打下坚实基础。该课程传播社会主义核心价值观和中华优秀传统文化,是学生思想品德教育的重要组成部分。

二、课程教学目标

(一)职业素养目标

通过对文明礼仪知识的学习:

1. 培养良好的礼仪素养,养成自尊自信、积极向上的人生态度。
2. 养成孝敬父母、尊重他人、诚实守信的优良品质。
3. 培养尊卑有序的观念,树立规则意识、公共意识,培养社会责任感和使命感。
4. 培养团队合作精神。
5. 树立文明交往意识,懂得礼貌待人的基本礼仪,养成礼貌待人的良好习惯。

(二)知识和技能目标

1. 了解礼仪的产生和发展以及相关基础知识。
2. 掌握礼仪的本质、功能、特点及分类。
3. 掌握打造个人礼仪形象的常识及个人行为规范。
4. 掌握家庭礼仪常识及行为规范。
5. 了解中国传统礼节仪式。
6. 掌握校园礼仪行为规范。
7. 掌握求职礼仪,职场礼仪规范。
8. 掌握社交礼仪规范。
9. 了解世界各国各主要国家和地区的礼仪风俗。

(三)能力目标

1. 学会自我情绪控制,能够自我调适。
2. 能够根据不同角色、不同场合塑造个人良好形象,给自己正确定位。
3. 能够得体表达自己的思想。
4. 能够与人密切协作。
5. 能够掌握交往与沟通的技巧,灵活运用礼仪技能参与社会公共生活。

三、教学内容和要求

教学内容	教学要求 了解	教学要求 熟悉	教学要求 掌握	教学活动参考	教学内容	教学要求 了解	教学要求 熟悉	教学要求 掌握	教学活动参考
一、礼仪认知				理论讲授：多媒体演示	四、仪态礼仪				1. 理论讲授：多媒体演示
（一）认识礼仪					（一）站姿礼仪				2. 实训：站姿、坐姿、蹲姿、行姿和各种手势的训练
1. 礼仪的由来	✓				1. 女士站姿			✓	
2. 礼仪的含义		✓			2. 男士站姿			✓	
3. 礼仪的特征		✓			（二）坐姿礼仪				
4. 礼仪的分类		✓			1. 男女坐姿的基本要求			✓	
（二）礼仪的基本原则和功能									
1. 礼仪的黄金原则		✓			2. 女士坐姿			✓	
2. 礼仪的功能	✓				3. 男士坐姿			✓	
（三）中国传统文化名篇欣赏——《弟子规》	✓				（三）蹲姿礼仪				
					1. 女士蹲姿			✓	
二、仪容礼仪				1. 理论讲授：多媒体演示 2. 实训：①工作淡妆的基本画法。②微笑的训练	2. 男士蹲姿			✓	
（一）静态仪容礼仪					（四）行姿礼仪				
1. 容貌修饰的基本要求			✓		1. 女士行姿			✓	
2. 工作淡妆			✓		2. 男士行姿			✓	
3. 香水的使用	✓				（五）赞美、引导、挥手和鞠躬礼仪				
（二）动态仪容礼仪					1. 手姿的运用			✓	
1. 眼神		✓			2. 点头和鞠躬礼仪			✓	
2. 微笑		✓			五、家庭礼仪				1. 理论讲授：多媒体演示 2. 课堂互动：孝敬父母
三、仪表礼仪				1. 理论讲授：多媒体演示 2. 实训：练习领带的打法、丝巾搭配、服饰选择、颜色搭配等	（一）家庭礼仪的含义		✓		
（一）认识色彩					（二）家庭称谓礼仪				
1. 色彩的基本知识		✓			1. 常规称谓			✓	
2. 色彩的搭配			✓		2. 特殊尊称		✓		
（二）职场着装原则					3. 不合礼仪的称呼		✓		
1. 国际通用的TPO原则			✓		（三）家庭成员相处礼仪				
2. 符合身份、扬长避短和遵守常规的原则			✓		1. 子女与父母相处礼仪			✓	
					2. 父母与子女相处的礼仪			✓	
（三）男士着装礼仪					3. 同辈之间相处礼仪			✓	
1. 男士职业正装			✓		4. 夫妻间相处的礼仪		✓		
2. 男士礼服		✓			5. 婆媳翁婿相处的礼仪		✓		
3. 男士便装	✓				（四）家庭交往礼仪				
4. 手表的选择	✓				1. 家庭祝贺礼仪		✓		
（四）女士着装礼仪					2. 祝寿礼仪		✓		
1. 女士职业正装			✓		3. 馈赠礼仪		✓		
2. 女士礼服		✓			4. 受礼礼仪		✓		
3. 女士便装	✓				5. 学会感恩			✓	
4. 女士配饰		✓							

续表

教学内容	了解	熟悉	掌握	教学活动参考	教学内容	了解	熟悉	掌握	教学活动参考
6．友善待客			√		（二）会务礼仪				
（五）节日礼仪					1．会务工作礼仪		√		
1．国内传统节日礼仪	√				2．参会礼仪		√		
2．国外传入节日礼仪	√				九、办公室礼仪				1．理论讲授：多媒体展示 2．课堂互动：开关门礼仪训练；模拟办公室会客
六、校园礼仪				1．理论讲授：多媒体展示 2．课堂互动：练习敲门、打招呼等	（一）办公环境礼仪				
（一）课堂礼仪与实习礼仪					1．办公环境的布置		√		
1．课堂礼仪			√		2．办公环境的卫生		√		
2．实习礼仪			√		3．办公心理环境		√		
（二）尊师礼仪					（二）办公室礼仪				
1．基本尊师礼仪			√		1．仪表礼仪			√	
2．进出办公室礼仪			√		2．举止礼仪			√	
（三）同学相处礼仪					3．电话礼仪			√	
1．相互尊重			√		4．开关门礼仪			√	
2．宿舍和睦相处礼仪			√		5．办公室用餐礼仪			√	
（四）集会礼仪					6．同事相处礼仪			√	
1．集会典礼礼仪			√		（三）办公室会客礼仪				
2．升国旗礼仪		√			1．公务会客礼仪		√		
（五）校园公共场所礼仪					2．私人会客礼仪		√		
1．图书馆礼仪			√		（四）外出礼仪				
2．餐厅和饮水礼仪			√		1．临时外出礼仪		√		
3．体育场礼仪			√		2．出差礼仪		√		
4．剧场礼仪			√		十、称谓礼仪、位次礼仪和界域礼仪				1．理论讲授：多媒体展示 2．实训：轿车乘车礼仪训练；行路礼仪训练；电梯引导训练；楼梯引导训练；会议、合影位次训练
七、会面礼仪				1．理论讲授：多媒体展示 2．实训：两种介绍礼仪训练；各种情形的握手训练；递接名片训练	（一）称谓礼仪				
（一）介绍礼仪					1．称谓的分类		√		
1．第三方介绍			√		2．商务、政务和社交场合常用的称谓			√	
2．自我介绍			√		3．国际交往称谓		√		
（二）握手礼仪					4．称谓的注意事项		√		
1．握手的顺序			√		5．称谓的变化		√		
2．握手的时机		√			（二）行路位次礼仪				
3．握手的规则			√		1．两人行路礼仪		√		
4．握手的禁忌			√		2．多人行路位次礼仪		√		
（三）名片礼仪					3．注意事项		√		
1．递交名片			√		（三）乘车位次和乘机礼仪				
2．接受名片			√		1．轿车座次礼仪			√	
3．存放名片		√			2．吉普车座次礼仪		√		
4．索取名片	√				3．商务面包车和旅游车位次礼仪		√		
八、公务礼仪和会务礼仪				理论讲授 1．理论讲授：多媒体展示 2．课堂互动：奉茶礼仪训练					
（一）公务礼仪					4．火车位次礼仪		√		
1．接待礼仪			√						
2．拜访礼仪			√		5．乘坐飞机的座次礼仪		√		
3．馈赠礼仪			√						

续表

教学内容	教学要求 了解	教学要求 熟悉	教学要求 掌握	教学活动参考	教学内容	教学要求 了解	教学要求 熟悉	教学要求 掌握	教学活动参考
（四）楼梯及电梯礼仪					2. QQ、微信等沟通礼仪	✓			
1. 上下楼梯礼仪		✓			十三、宴会礼仪				1. 理论讲授：多媒体展示 2. 实训或课堂互动：中餐座位的排列；敬酒练习；西餐具刀叉的使用；红酒的握杯姿势等
2. 电梯礼仪		✓			（一）中餐礼仪				
（五）会议、谈判和合影位次礼仪					1. 宴请的类型		✓		
1. 小型会议、会晤和谈判位次		✓			2. 宴请的礼仪		✓		
2. 大型会议位次		✓			3. 中餐的桌次和座次安排			✓	
3. 签约仪式		✓			4. 中餐点菜			✓	
（六）界域礼仪					5. 中餐餐具的使用			✓	
1. 何谓"界域"	✓				6. 喝酒与敬酒		✓		
2. 人际交往中的"界域"	✓				（二）西餐礼仪				
十一、求职礼仪				1. 理论讲授：多媒体展示 2. 实训：求职信和简历的书写练习；模拟面试	1. 西餐的预约		✓		
（一）面试前的准备					2. 西餐的桌次和座次排列		✓		
1. 信息搜集和自我定位	✓				3. 西餐菜单结构	✓			
2. 面试前物品的准备	✓				4. 西餐餐具		✓		
3. 简历和求职信的准备		✓			5. 西餐的礼仪规范		✓		
4. 心理准备	✓				6. 西餐的饮食禁忌		✓		
（二）面试礼仪与面试技巧					（三）自助餐礼仪				
1. 面试礼仪		✓			1. 自助餐的礼仪		✓		
2. 不同行业的面试及技巧		✓			2. 自助餐的优势	✓			
十二、沟通礼仪				1. 理论讲授：多媒体展示 2. 实训：设置一个主题，进行交谈；电话礼仪训练	十四、涉外礼仪				1. 理论讲授：多媒体展示 2. 课堂互动：拥抱礼训练
（一）沟通的含义及意义					（一）国外习俗与禁忌				
1. 沟通的含义	✓				1. 亚洲主要国家的习俗禁忌	✓			
2. 沟通的意义	✓				2. 美洲主要国家的习俗禁忌	✓			
（二）沟通的类型					3. 大洋洲主要国家的习俗禁忌	✓			
1. 按照组织系统划分	✓				4. 欧洲主要国家的习俗禁忌	✓			
2. 按照组织结构划分	✓								
3. 按照信息的载体划分	✓				5. 非洲主要国家的习俗禁忌	✓			
4. 按照沟通的渠道划分	✓				（二）涉外礼仪				
（三）面对面沟通礼仪					1. 握手礼		✓		
1. 面对面沟通的载体		✓			2. 拥抱礼		✓		
2. 沟通礼仪的原则		✓			3. 贴面礼		✓		
3. 面对面沟通礼仪注意事项			✓		4. 鞠躬礼	✓			
（四）电话沟通礼仪					5. 吻手礼	✓			
1. 接听电话礼仪			✓		6. 合十礼		✓		
2. 转接电话礼仪			✓		7. 碰鼻礼	✓			
3. 拨打电话礼仪			✓						
4. 手机使用礼仪	✓								
（五）网络沟通礼仪									
1. 收发邮件礼仪			✓						

四、学时分配建议（54学时）

教学内容	学时数		
	理论	实践	小计
一、礼仪认知	2		2
二、仪容礼仪	2	2	4
三、仪表礼仪	2	2	4
四、仪态礼仪	2	2	4
五、家庭礼仪	4		4
六、校园礼仪	4		4
七、会面礼仪	2	2	4
八、公务礼仪和会务礼仪	3		3
九、办公室礼仪	3		3
十、称谓礼仪、位次礼仪和界域礼仪	2	2	4
十一、求职礼仪	2	2	4
十二、沟通礼仪	4	2	6
十三、宴会礼仪	4	2	6
十四、涉外礼仪	2		2
合计	38	16	54

五、教学实施建议

（一）适用对象与参考学时

本教学大纲可供职业院校各专业使用，总学时为54学时，其中理论教学38学时，实践教学16学时。

（二）教学要求

1．本课程对理论教学部分要求有掌握、理解、了解三个层次。掌握是指对教学中所学的基本知识、基本理论具有深刻的认识，并能灵活地应用所学知识分析、解释生活现象和工作问题。理解是指能够解释、领会概念的基本含义并会应用所学技能。了解是指能够简单理解、记忆所学知识。

2．本课程突出以培养能力为本位的教学理念。

（三）教学建议

1．在教学过程中要积极采用现代化教学手段，加强直观教学，充分发挥教师的主导作用和学生的主体作用。注重理论联系实际，并组织学生开展必要的案例分析讨论，以培养学生的分析问题和解决问题的能力，使学生加深对教学内容的理解和掌握。

2．实践教学要充分利用教学资源，案例分析讨论等教学形式，充分调动学生学习的积极性和主观能动性，强化学生的动手能力和实践操作。

3．教学评价应通过课堂提问、布置作业、单元目标测试、案例分析讨论、期末考试等多种形式，对学生进行学习能力、实践能力和应用新知识能力的综合考核，以期达到教学目标提出的各项任务。